Descubre
aprendemos

enseñanzas del
fregadero

J. J. Iguina Goitia

Enseñanzas del fregadero
Copyright 2021©
José J. Iguina Goitia
Todos los derechos reservados
Para invitaciones o pedidos de libros: 787-552-6485
Edición: Maribel Miro Montañez, APR, Lic. R-918
maribelmiro@hotmail.com
Diseño de portada y diagramación: F. Gabriel Rodríguez-Benítez
fgrb.sma@gmail.com

Quedan prohibidos, dentro de los límites establecidos en la ley y bajo los apercibimientos legalmente previstos, la reproducción total o parcial de este libro por cualquier medio o procedimiento, ya sea electrónico o mecánico, el tratamiento informático, el alquiler o cualquier otra forma de cesión de la obra sin la autorización previa y por escrito del autor.

Dedicatoria

Sabrina, Sofía, Allen, Martín y Marco

(Las Kukis, Medio Pollo, y Los Cangris)

A mi esposa, Myrna, La Jefa, mi inspiración y mi mejor crítica.

Índice

Prólogo	07
Agradecimientos Especiales	09
Introducción	11
El plato se quedó sucio	13
El plato roto	17
La cuchara y la cucharilla	21
La olla de presión	27
El cuchillo boto y el amolador	33
El Fregón, la barbacoa y la amistad	37
La semilla y el huracán	41
El legado y el chino	45
Regalo desde Canadá	49
Narciso y la cuchara	51
En la soledad del fregadero	57
No todo lo que brilla	61
Luto en el fregadero	65
El cuento de la Kuki mayor	69

Hecho en China	73
¡Mírate por dentro!	75
La olla	81
La copa manchada	85
Los arbolitos de guayaba	89
La flor del futuro	93
Los mensajes	97
Los caminos	101
La Santita	103
Las amigas	107
La prima y el poeta	111
Gilito	115
Vidas paralelas	121
Recordando	125
Referencias	129

Prólogo

Mi emoción es enorme cuando hoy veo finalmente estas historias o enseñanzas plasmadas en un libro. Lo que todo comenzó una noche, fregando al lado de mis nietas y usando un simple plato para, en forma jocosa enseñarles una lección de vida, fue el comienzo de una idea y de un deseo de compartir con otras personas mis reflexiones.

Recuerdo perfectamente, esa noche, no pude dormir. Me levanté, abrí la aplicación de Facebook y comencé a escribir lo que nos había sucedido usando la analogía del plato sucio. Me cautivó aún más ver en los ojitos, las expresiones de mis nietas y de mi esposa, a quienes en las historias me refiero como "Las Kukis" y "La Jefa". Aún más sorprendido quedé, cuando al día siguiente, las reacciones positivas de mis amistades comenzaron a llegar, y aún más interesante, muchos comenzaron a compartir sus propias experiencias. De ahí en adelante el fregadero tomó otra dimensión y otro propósito. Y este humilde Fregón encontró la forma de dejar su legado.

A mis estimados lectores, gracias por sus observaciones, y palabras llenas de estímulo. Me inspiraron, constantemente, a seguir escribiendo. Me motivaron y me sugirieron publicar el libro, hoy, ya echo realidad. Gracias, a todas las personas quienes por años enriquecieron mi vida con su amistad y cuando nuestros senderos se cruzaron para poder vivir y poder escribir, usando sus ejemplos, nos hemos mantenido juntos, aun en la distancia.

Y los más importantes, a mis hijos por ser quienes son y por haberme dado los nietos más maravillosos que un abuelo pueda querer. Por prestármelos y permitirme aprender de ellos, quienes en su inocencia, sus comentarios, sus preguntas, y sus inquietudes, inspiraron prácticamente todas las enseñanzas que comparto con ustedes en este libro. Me dieron la oportunidad de dejarles un legado, y espero que ese legado pueda ser compartido con futuras generaciones, las mías, las tuyas y las de todos.

Agradecimientos ESPECIALES

Mi más profundo agradecimiento a mi gran amiga y editora, Maribel Miró Montañez, APR, Lic. R-918, quien dedicó extensas horas revisando y editando este libro. Sé que la encomienda no fue fácil, su compromiso fue enorme, siendo clave para que el resultado final sea uno de alta calidad, aun mas importante, retando los pensamientos del autor para mejorar el producto final y para el mejor entendimiento del lector.

Segundo, a mi diseñador, ilustrador, Félix Gabriel Rodríguez, quien comprendió desde el principio la esencia de las enseñanzas y las pudo plasmar gráficamente.

Gracias a todos, en cada letra, cada pensamiento está presentes las vivencias y aprendizaje de todos.

Introducción

"La enseñanza que deja huellas no es la que se hace de cabeza a cabeza, sino la de corazón a corazón".

- Howard G. Hendricks

A través de la lectura de esta compilación de enseñanzas, usted se deleitará leyendo sobre temas que lo harán pensar y meditar sobre las conversaciones entre un abuelo y sus nietos. Usted se preguntará, ¿por qué el fregadero? El fregadero es el centro de cualquier cocina y cada pieza del fregadero cuenta una historia y un aprendizaje. "El Fregón" se convierte en el interlocutor de esas conversaciones. Aunque uno puede pensar que las historias van dirigidas a los niños, en la mente del Fregón, el corazón que él quiere tocar es el de los adultos, los abuelos, las madres y padres quienes tienen la importantísima responsabilidad de desarrollar a los niños. Somos nosotros quienes tenemos que meditar nuestra situación y desarrollar herramientas para aportar al crecimiento saludable de los niños que serán el futuro de nuestro mundo.

Cada historia se enfoca usando analogías de artículos que usted encuentra en cualquier fregadero de nuestros hogares, y ese artículo, va asociado a un tema: desarrollar su autoestima, honestidad, aprender a manejar diferentes situaciones a las cuales se exponen a diario, entre otros. Hoy, más que nunca, usted tiene que captar la atención de los niños, la competencia con la tecnología y la exposición a redes cibernéticas es cada vez más fuerte. Usted podrá pensar que todo sigue un guion. Nada más lejos de la verdad. Las secuencias y los temas fueron surgiendo en el mismo orden que están escritos, ninguno es más importante que el otro, y se escribieron tal como iban sucediendo. Usted no necesita un manual de instrucciones. Con simples ejemplos puede cautivar la atención y desarrollar una conversación con sus hijos o nietos. Aquí tratamos la importancia de la honestidad, la autoestima, la sinceridad, cómo manejar la pérdida, la amistad y el amor a la familia.

Lo maravilloso que es ver cómo les brillan los ojos cuando comparten su visión de la vida y de los milagros de la naturaleza.

¡Espero que disfruten su lectura!

EL PLATO SE QUEDÓ
sucio

Como yo no sé cocinar, y créanme, no sé, mi labor para ayudar es fregar los platos. No se rían, lo hago con mucho gusto y me siento que estoy aportando en algo. Una realidad es que no soy muy presto a los detalles y lo hago rápido. ¿A quién le gusta fregar? Mi esposa, muy detallista, mira lo que he hecho y encuentra un plato limpio por el frente, pero un desastre de grasa en la base... y ya saben, la cogida de cuello que me dieron, ¡no se hizo esperar! Protesté, refunfuñé, pero me dio la estocada final... "si lo haces mal, de nada me sirve que me ayudes. Mejor lo hago yo". Y habló la Doña, se acabó la discusión, tuve que lavarlos nuevamente.

Miro a mis nietas, testigos atentas de la conversación, y me encojo de hombros, pero se me ocurre que, quizás hablando con ellas, alguna lección podemos aprender. Niñas al fin, su interés es jugar, regar, dejar luces encendidas, etc. Escucho a la Abuela dándoles órdenes y llamado la atención, y con mucha razón. En la infinita sabiduría del Fregadero, las llamo para contarles mi reciente experiencia. Me miran con esa sonrisita de "se nos volvió loco" y aquí viene la lección del plato limpio a medias:

1. Obvio, si vas a ayudar, hazlo bien desde el principio.

2. Ayuden voluntariamente y voluntario no es sinónimo de 'lo hago como yo quiera'.

3. La ayuda mal hecha no es ayuda. Quizás te sientas bien contigo, pero lo dejaste sucio.

4. Si lo haces bien, eso te llena de satisfacción y te sientes bien contigo y le das el ejemplo a otras personas.

5. En la vida se van a encontrar siempre con personas que, como el plato, están relucientes por fuera, pero el otro lado no está tan limpio.

6. El reverso de la anterior: encontrarás gente en tu vida que su frente está empañado, pero su fondo está limpio. No te dejes llevar por primeras impresiones, dales la oportunidad.

7. Cuando piensas que el plato está limpio, vuélvelo a mirar. Quizás no está tan limpio como parece o piensas.

8. Asegúrate siempre que tu plato o los platos estén limpios...

No te fijes cómo está el del lado. Preocúpate por el tuyo, y que quede lo más limpio posible.

Creo que el mensaje llegó. Hay muchas más que se pueden obtener, pero por ahora, esas son las enseñanzas del Fregadero.

Lo maravilloso que es ver cómo les brillan los ojos cuando comparten su visión de la vida y de los milagros de la naturaleza.

EL PLATO
roto

Jamás imaginé que algo que escribí para la formación de mis nietos tuviera tanta acogida. Para mi sorpresa, las reacciones y comentarios han sido de apoyo y felicitaciones, las cuales acepto humildemente. Recibí invitaciones e ideas para escribir nuevamente. De antemano les digo solo soy el Fregón no soy ni tan siquiera, remotamente escritor. Habiendo dicho esto, vamos a intentar cautivar su interés para una próxima "Enseñanza del fregadero". ¡Ah!, y desde ayer ya no tengo una jefa, La Doña, ahora tengo dos más que me supervisan para asegurarse de que limpie bien y conocer cuál es la historia en el fregadero. Se me complicaron un poco las cosas, pero vale la pena, tendrá sus frutos.

Ahora vamos a la historia de, El plato roto.

Fregando... ya vieron el tremendo fregadero que tenemos... ¡ah!, de hecho, para aquellos que me han comentado, tenemos lavadora de platos, ¡pero no me la dejan usar! "Mucha agua, la electricidad, etc.".

Estaba por terminar, todo nítido, cuando se me resbala, cae uno de los platos y se parte en cinco pedazos. La conmoción fue grande. Recojo el plato roto, y viene a mi pensamiento la cantidad de gente que son como ese plato que se rompió, sin arreglo. Ese plato un minuto antes estaba en perfecta armonía con los otros, y ahora su función terminó, ya no es como los otros. Y posiblemente terminará en la basura.

Nosotros todos, tenemos momentos que nos rompemos igual que el plato. Pero a diferencia de la vajilla, nosotros podemos pegar los pedazos. No importa en cuántos pedazos te has roto en algún momento, tú decides si quieres ser plato nuevamente, o te pasarás toda tu vida lamentándote que estás roto, y quizás, culpando al Fregón y a otros. Sabes que con esa conducta no permites poder estar con aquellos que todavía están en el fregadero. Todos tenemos oportunidades, quizás no tantas como antes, sin embargo, nos adaptamos y seguimos.

Le digo a mis Kukis (así le llamo a mis nietas): ¿sabían que en China cuando se rompe una pieza, usan oro para soldarla? Y de ser una pieza bella, se convierte en una pieza única, como ninguna otra. Siempre hay opciones.

Amigo y amiga lector, si te sientes así, no botes tus piezas, recuerda que vales mucho y puedes convertirte en una mejor versión de ti.

Mis Kukis, ¿pegamos las piezas?

LA CUCHARA Y
la cucharilla

Les comento que mi audiencia mientras friego los platos aumentó. Saben que las Kukis, mis nietas, han estado en la primera fila, pero hoy se unieron dos más: "Los Cangris", los benjamines de la familia, mis nietos. Y me falta uno, Medio Pollo, que está en Canadá, y lo llamo así porque a su padre, mi segundo hijo, le apodaron "El Polli" cuando practicaba deportes. Bueno, ahí tienen a todos mis nietos con los apodos, y yo no me salvé. El mío, bautizado por la Kuki mayor, y por supuesto, copiado por el resto, pero por el momento no lo voy a divulgar. Para efectos de las Enseñanzas soy solo... El Fregón.

He aquí la enseñanza de hoy, de hecho, una que resulta muy especial para mí, al tener a los cuatro nietos conmigo... ¡ahora tengo audiencia y ayudantes! Todos querían hacer algo, y participar, y charlaban entre ellos, entre inglés y español (Los Cangris son medio gringuitos, pero le someten un poco al español), pero El Fregón solo les hablaba en el idioma de Castilla, para que no se les olvide. Así, entretenidos, terminamos de lavar todos los platos y cubiertos, y comenzamos el proceso de secar para guardar todo y dejar el fregadero limpio. Cuando estamos ya a punto de terminar, La Jefa (a quien no le gusta que la llamen así, aunque sea verdad), se percata que faltaban dos piezas: una cuchara y una cucharilla, de esas pequeñas para mover el café. Como habíamos tomado café en el comedor, otros en la sala y otros en la terraza, mandamos a los ayudantes a buscarlas. Las Kukis y Los Cangris, buscaron por todos los sitios posibles, pero no aparecieron. El comentario de todos fue: "se perdieron, ni modo, en algún lugar estarán y en su tiempo ya aparecerán".

Es penoso, cuando a la vajilla se le rompe un plato, o los cubiertos se pierden. Si eran ocho y te falta uno, ya te sientes incompleto. Aún más si son dos o más.

Con eso en mente, le pregunto a mí "crew" de ayudantes, que significaba esto para ellos. Sus contestaciones fueron simples pero profundas. Uno dice: "Mimi (La Jefa) va a tener que comprar otros cubiertos. "La otra nieta le contesta: "porque no aparecen no quiere decir que están perdidas. Tenemos que esforzarnos y buscar mejor, hasta que las encontremos. Además, si las compras no van a ser iguales.

En esa línea de pensamiento sobre la pérdida de algo, les pregunto: ¿y cómo compara esto con la familia, o hasta con sus amigos? Luego de un momento de pensar sobre el asunto, una de las nietas me lanza este comentario: "yo pienso que, porque mi primito Medio Pollo y mi tío se fueron lejos, los vamos a olvidar o los vamos a dejar de querer. Nos hacen mucha falta y nos encantaría verlos." Ahí brincan Los Cangris: "sí, queremos verlos y jugar en el patio como antes". Al escucharlos, a El Fregón se le hizo un taco en la garganta.

Otra, comenta que le recuerda cuando la familia de una de sus mejores amigas se fue de la Isla y la falta que les hizo a todas.

∞

Cuida a las cucharillas, no importa si son de plata, oro o de latón. Estas son el futuro de nuestra sociedad y nuestro país. Es nuestra responsabilidad que brillen.

∞

Veo a una de Las Kukis pensativa y le pregunto en qué pensaba, y aquí viene el segundo mensaje. Los comentarios anteriores me habían tocado, pero este, llegó directo al corazón de El Fregón. "Hay familias que se separan en donde los hijos son los que sufren. Tengo amigas a quienes les pasa eso y sufren mucho."

"Lamentablemente, eso es muy cierto", le contesto. "Hay también situaciones aún dentro de las familias que los hijos sufren por la situación de sus padres". Me riposta ella, "es que ellos se sienten que son la causa de los problemas de sus padres y por su culpa, sus papás se van a separar". Me confiesa que pensar en que algo así les pase a sus papás le da pánico, pero ella ya sabía la contestación y no fue mucho lo que tuve que explicar para que entendiera y se tranquilizara.

De la misma forma que cuidamos que los platos estén limpios, y todos los cubiertos bien guardados y completos, la familia siempre debe poner su mayor esfuerzo por mantenerse unida. Aunque sus padres estén separados, siguen siendo familia.

Así no se nos pierden las cucharas, y sobre todo hay que cuidar a las cucharillas para que puedan tener la oportunidad de crecer y convertirse en cucharas pulidas y relucientes. Tengamos confianza de que encontraremos la cuchara y la cucharilla, y que muy pronto estarán con el resto de los cubiertos.

Igualmente, amigo lector, la familia es el centro más importante en nuestra sociedad. Si tienes un cubierto perdido, ve, búscalo, y encuéntralo, y tráelo nuevamente a donde pertenece.

Cuida a las cucharillas, no importa si son de plata, oro o de latón. Estas son el futuro de nuestra sociedad y nuestro país. Es nuestra responsabilidad que brillen.

"Kukis, Cangris, vamos a llamar a Medio Pollo y a tío, y a decirle mil veces cuánto los amamos."

LA OLLA DE
presión

¿A cuántos de ustedes les ocurre que la cocina es el centro en donde se reúne todo el mundo? Y si la cocina es pequeña como la de mi casa, la congestión de gente, el parloteo, cinco temas al mismo tiempo, al punto que parece que estamos hablando en lenguas. ¡Ahh! Y no pueden faltar mis dos nobles perros, Dindee y Tango metidos también en la fiesta. De hecho, son los únicos que oyen y no hablan, aunque estos dos lo dicen todo con las miradas, y observan todo a ver si "colin cuela" con algo de comida que se caiga al piso. ¿Les suena conocido?

Hoy La Jefa está haciendo un guiso de carne mechada, para un grupo de invitados, que inunda la casa con aromas especiales. Sabes que lo que está cocinando en la olla está delicioso…olores a condimentos hechos en casa, especias, recao, cilantro, cilantrillo y no sé qué otras tantas cosas ¡olores del campo! Las Kukis están hablando con La Jefa (Mimi) y ella les va explicando cómo se hace la carne mechada. Les explica la receta, aprendida de su mamá, cómo es que funciona la bendita olla de presión, que ablanda la carne, que mantiene los jugos y otras especificaciones. Yo voy escuchando la conversación mientras todo esto está ocurriendo, y para que no se acumule semejante trastera, El Fregón, con copita de vino en mano, voy lavando y escuchando el interés de las nietas en este asunto de cómo cocinar. De momento cuando comienza a pitar aquella olla, que debe tener como 40 años, la gente va desalojando la cocina por si el artefacto revienta. Oigan, aquello silbaba como si fuera un tren, parecía que tenía vida propia. La Jefa, con mucha pericia, esperó a que terminara el molesto ruido, y con un movimiento de malabarismo, la llevó a mi fregadero, le echó agua y le quitó la válvula, el tapón que yo creo que cualquier día termina incrustado en el techo. La olla de presión estaba lista para abrirse. Ahí salieron varias voces diciéndole: "ten cuidado cuando la abras", Jajaja… no saben la pericia que tiene La Jefa que ha hecho esto mil veces. Cuando abrió la tapa, los olores eran exquisitos. La comida ya estaba lista. Una de las amigas de La Jefa, Sonia, vino a ayudarla a preparar todo y ser servido en la mesa (estas dos son como Pili y Milly). Nos sentamos y disfrutamos aquel manjar con sabor criollo, por supuesto con tostones, arroz y habichuelas.

Ya sentados a la mesa, mientras las conversaciones seguían, yo tenía a una de las Kukis sentada a mi lado. Le pregunto a la Kuki: ¿te gustó la comida? Me contestó que le encantó y que se había sorprendido de la forma en que Mimi había hecho esa carne. Le digo, haciendo alarde de mis conocimientos en termodinámica: "¿sabías que el agua hierve cuando llega a 212 grados de temperatura y que a 213 grados comienza a evaporarse? ¿Te imaginas la presión que se genera dentro de esa olla? "No lo sabía", me contesta. Añado: ¿sabías que la válvula o tapón es lo que evita que explote? Este permite que poco a poco el vapor vaya saliendo. Aprovecho y le pregunto a mi amiga Sonia, ¿si ella usaba olla de presión? Me responde que no y que la suya la había regalado. Le pregunto entonces a mi hija y me dijo que tenía una eléctrica con todos los "Powers", pero que no la usaba.

En broma les comento que hay veces, en especial cuando estoy guiando, que La Jefa se enoja conmigo porque me pongo como una olla de presión, a punto de reventar, se enoja conmigo y con razón estamos viviendo en un mundo en donde la gente pierde los controles. ¿Quién no tiene presiones, miedos con todo lo que nos pasa a diario? Algunos saben cómo manejarlas, pero otros no.

Muchas cosas preocupantes están pasando en nuestro país y en el mundo que pueden generar tenciones y no todos manejan el estrés de la misma forma.

Les contaba a mis invitados de mi experiencia dirigiendo por unos años un hospital de salud conductual, y cómo esta se había convertido en una de las vivencias más intensas e interesantes en mi vida. El ver los estragos que las condiciones mentales pueden tener en las personas, me había tocado el alma. No importa cuán inteligentes, exitosos, ricos o pobres, como ollas de presión, sus condiciones en ocasiones son causadas por las presiones y situaciones estresantes de la vida. Esto me hizo crear empatía y ver la vida desde una dimensión diferente.

Aquí la enseñanza de hoy desde el fregadero. Si te sientes abrumado por las circunstancias de la vida, ¡busca ayuda! Si aceptas que tienes problemas, ya recorriste la mitad del camino. La aceptación es el primer gran paso para recuperarse. Segundo, si conoces a alguien que está pasando por una situación difícil, escucha a esa persona. Tercero, identifica y actúa si esa persona está deprimida y tiene pensamientos sobre la muerte. No evadas las señales. En muchas ocasiones, la persona lo dejará saber de forma sutil, pero pudiera ser un potencial suicida. Cuarto, rompamos el estigma de las condiciones mentales. Las causas pueden ser factores sociales o ambientales, pero también existe un componente bioquímico que las pueden provocar.

Por último, una confesión, ustedes se han convertido en mi bálsamo de paz. Nunca pensé ser escritor de cuentos e historias. Desde que estoy escribiéndoles, mi ánimo ha cambiado y mi enfoque de la vida se ha ampliado. Ustedes aportan a mi felicidad, permitiendo entretenerlos y divertirlos con lo que escribo. Hacer algo diferente y que de alguna forma contribuya a lograr un mejor país, poniendo un granito de arena; aportar a la formación de mis nietos; hacer contacto con gente a quien aprecio mucho y con quienes no reconectaba hace tiempo; conocer gente a quien no conozco, pero cuando me escriben es como si los conociera de toda la vida...esa es mi mayor motivación y por eso les doy las gracias.

¡Mis Kukis, vamos a fregar la olla de presión! Amigos, recuerden, no permitan que su temperatura llegue a 212 grados y aún menos a 213 grados.

EL CUCHILLO BOTO Y
el amolador

Lavando un cuchillo, me percato que está boto, le falta filo. Había visto a la Jefa tratando de cortar una carne con él, se cansó y buscó otro. Tengo un afilador de primera, así que lo saqué y me puse a amolarlo. En eso llegan, ya saben quiénes, Las Kukis, y me ven amolando aquel cuchillo que con toda probabilidad iba a terminar en el fondo de una gaveta, olvidado, o quién sabe si en la basura.

Curiosas como siempre, me preguntan: ¿qué haces? Y respondo: "afilando un cuchillo y quizás ¡salvándole la vida!" "¿Cómo es eso?", responden. Les cuento lo que podría ser el destino del pobre cuchillo. ¡Inmediatamente, se les ilumina la cara con una sonrisa! Ya saben que viene una enseñanza de El Fregón.

Aprovechando la situación les digo: "esto le puede pasar a cualquier persona [silencio sepulcral]." ¿Pero cómo?, preguntan Las Kukis. Les explico: "todos nacemos botos como este cuchillo, pero poco a poco nuestros padres, las experiencias y otras vivencias, nos van amolando, perfeccionando. Hay diferentes tipos de amoladores y hay diferentes tipos de cuchillos, unos para cortar carne, otros para cortar pan, cortar pescado, y otros de defensa. En la vida uno decide qué tipo de cuchillo quiere ser. ¿Pero saben qué? Todos tienen algo en común. Necesitan ser amolados constantemente para tener filo.

∞

Si necesitas filo, amuélate!
Sigue estudiando y aprendiendo,
y expande tus horizontes constantemente.

∞

En la vida tenemos siempre que mantenernos amolados para seguir creciendo y aprendiendo, bien sea de arte, música, deportes, de las profesiones, en fin, aprendiendo de la vida. Mi Padre siempre nos decía: lo que decidas hacer, siempre procura dar tu mayor esfuerzo. Trata de ser primero, pero si no, asegúrate que diste el máximo. Si hacen esto, les aseguro que tendrán una vida plena y se sentirán bien con ustedes mismas".

Las enseñanzas de hoy son: mantén siempre tu filo y date mantenimiento. Si necesitas filo, ¡amuélate! Sigue estudiando y aprendiendo y expande tus horizontes constantemente.

Tal como una amiga me dijo recientemente, que estaba estudiando sobre la historia de Grecia y sus filósofos. Le pregunté: ¿por qué estás estudiando sobre ese tema? La contestación fue sencilla: "No sabía nada sobre ese tema, así que empecé a estudiarlo". Ella está cerca de cumplir 90 años, pero demuestra que tiene hambre por conocer y seguir creciendo y eso es admirable.

" Mis Kukis, ¿seguimos amolando el cuchillo?

EL FREGÓN, LA BARBACOA Y *la amistad*

Hoy me cambiaron la agenda. Además de fregar, ¡voy para el BBQ! Me encanta la barbacoa.

No es por nada, ni para echármelas, pero soy ¡tremendo parrillero! Y por supuesto, cuando hay BBQ, toda la familia se invita. No voy a entrar en detalles, pero La Jefa es una experta en conseguir los mejores cortes de carne a buen precio y aún más importante, en la preparación, la cual comienza al menos dos días antes.

El BBQ es un rato que disfruto, no tan solo por el hecho de hacerlo, pero porque tengo a toda la familia junta y en ocasiones, a algunos arrimaos. Nos da la oportunidad de hablar, jugar con Las Kukis, Los Cangris, y Medio Pollo, cuando estaba en Puerto Rico (espero que pronto lo tengamos de regreso nuevamente). Siempre terminamos todos en la piscina. Desde allí le puedo dar un vistazo al BBQ y ver que todo esté bien.

Para ser un buen parrillero, hay que saber algunas cosillas para que las carnes queden a la perfección. De hecho, y para beneficio del lector, solamente uso carbón vegetal, lo cual ya de por sí, es un reto. Hay que estar pendiente de muchas cosas, por lo que estoy, constantemente, saliendo y entrando a la piscina. Y ¡voilá! Quedó espectacular y listo para ser llevado a la cocina. [Si están esperando que les comparta mis secretos de parrillero...lo siento. Eso es material para otro libro].

Todos salen para la cocina a ver cómo quedó esa obra casi maestra. Yo me quedé en la piscina, tomándome mi wiskeycito, relax y meditando sobre algunos amigos que, por la pandemia, están sin trabajo, sus negocios adversamente afectados y están muy preocupados por la situación económica. Trato de apoyarlos de la mejor forma posible, pero es una situación muy difícil. Por otro lado, pienso lo agradecido que soy de la vida, por las amistades que me ha permitido tener. Todos son, de alguna forma, parte de uno.

Vuelvo a la barbacoa...no se rían con esta comparación. Las amistades son como un filete miñón, ¡todas valen! Su sabor y textura dependerán de la atención que le preste al cocinarlo. El filete tierno, jugoso, y hecho a la perfección es sinónimo de que le prestaste atención leve para que quedara así. Estas son amistades que se hacen sin esfuerzo porque fluye mágicamente. El que se quedó crudo, es porque quizás debí ponerle más atención. Este era uno que aún debía haberlo conocido mejor, pero sabes que están ahí siempre. El que está bien hecho fue aquel que presté mucha atención y supe cuál lado de la parrilla era el ideal para que quedara en su término. El que se me quemó, fue porque no le puse la atención que requería, lo dejé en la parte ardiente de la parrilla. Mi descuido, o sabe quién qué cosa pasó que resultó en que se quemara…oigan y no estamos hablando del "well done"…este lo quemé y punto, y mil perdones por mi falta. Hay un último tipo de filete, aquel que no quiso salir de la nevera, y a ese le respeto su decisión. Quizás, en algún momento querrá ser parte de la parrilla. Cuando esté listo saldrá.

Mis excusas al que sea vegetariano, la misma analogía aplica a cuando sembramos o cultivamos flores. Cuida la semilla, siembra en tierra fértil y riégala para que crezca. Aunque uso un poco la broma, la amistad es algo que debemos valorar, y como un espejo, cualquier mancha la empaña, sin embargo, siempre existe el perdón sincero.

Permítanme compartir algo que leí recientemente:

"Amistad es lo mismo que una mano

que en otra mano apoya su fatiga

y siente que el cansancio se mitiga

y el camino se vuelve más humano."

- Carlos Castro Saavedra

Así es la amistad…

LA SEMILLA Y
el huracán

Está haciendo un calor insoportable, usual del pico de la temporada de huracanes en nuestra Isla. Estaban Las Kukis en casa y para mitigar un poco el calor, La Jefa, les preparó una limonada endulzada con mucho hielo picado. La Kuki menor se encuentra una semilla de limón en el vaso y hace un gesto de desagrado. La Kuki mayor, para embromarla, le dice que no se la trague. Y ella pregunta: "¿por qué?". La otra le riposta: "si te la tragas te puede crecer un arbolito de limón en el estómago". Con esta ocurrencia nos echamos a reír.

Luego de un rato les pregunto: "¿Quieren que les cuente una historia?" Se miraron las dos y me dicen..." sí, sí". Ya se las esperan.

Hace años me pasó algo parecido. La Jefa había preparado, con mucho amor, una limonada. Estaba tan rica, que me dije, voy a coger estas semillas y las voy a sembrar. Oigan, nunca había sembrado nada en mi vida. Tengo de agricultor lo que tengo de escritor, pero algo me dijo que estas semillas requerirían ser sembradas y así lo hice. A los pocos meses ya era un arbolito pequeño y al año lo trasplanté en el patio. Así pasaron los años, pacientemente siempre velaba que el arbolito estuviera bien, pero no daba limones. Hasta que un día comenzó a florecer, y de flores comenzaron a crecer limones... ¡los más jugosos, grandes y ricos en sabor! Había temporadas que producía tantos que, aún repartiendo, algunos se me perdían. Muchas personas y amistades disfrutaron de aquellos limones.

Las Kukis, fascinadas por la historia, me preguntan: ¿qué pasó con el árbol? El que tienes en el patio es pequeño y no da limones".

Les explico que cuando el huracán María nos azotó aquel septiembre, literalmente, partió las ramas del árbol y arrancó su tronco y tuve que cortarlo y sacarlo completamente. "Ahh", me dice una: ¿y sembraste otro? No mis Kukis. Había una raíz que no pude sacar, pero a las pocas semanas observé un retoño saliendo de esa raíz. Me dice la otra Kuki: "entonces el árbol no murió, resistió y sobrevivió al huracán". "Así mismo es, mis Kukis. La fuerza del huracán por poco acaba con la naturaleza, pero este árbol es símbolo de la resiliencia que ha tenido. Si el árbol hablara diría:

"¡Aquí estoy y aquí seguiré! Me sembraron con amor, me cuidaron con esmero, vigilaron mi crecimiento, disfrutaron de mis frutos y aquí permaneceré, porque soy parte de esta familia. El huracán me dejó sin hojas, partió mis ramas, me arrancó las raíces, pero no acabó conmigo."

"Mis Kukis, así es esta tierra donde vivimos. Tenemos una capacidad increíble de adaptación y debemos reconocer quiénes somos y todo lo que podemos ser capaces de hacer, y confiar en nosotros. Sean como esa semilla, que tiene el potencial de convertirse en árbol, y echen raíces fuertes. Si un huracán o una adversidad nos afectara y caemos, nos levantaremos y seguiremos adelante. De la mano de la resiliencia está la persistencia. Recuerden siempre el arbolito de limón que sobrevivió al peor de los huracanes".

¡Celebraremos en grande cuando nos vuelva a dar limones!

"Aquí estoy y aquí seguiré! Me sembraron con amor, me cuidaron con esmero, vigilaron mi crecimiento, disfrutaron de mis frutos y aquí permaneceré, porque soy parte de esta familia".

EL LEGADO Y el Chino

Hoy en el fregadero tuve una de las conversaciones más gratificantes e iluminadoras que he tenido con las Kukis. Al mismo tiempo fue muy especial ya que entendimos el propósito para escribir estas enseñanzas.

Las Kukis me acompañan hoy en el fregadero y me están viendo lavar con mucho cuidado unas delicadas figuras de porcelana que tenemos hace años, las cuales tienen mucho valor sentimental. De momento, ven que estoy lavando una que es diferente a las demás, y me preguntan:

"¿Qué es esa figura que estás lavando?" Les contesto: "es una figura de un chino, la cual tiene un gran valor sentimental para mí. Fue un regalo que me hicieron en uno de mis viajes". "Pero ¿qué está haciendo?", pregunta una de

Las Kukis. Les digo: "él está pescando". Les pregunto, "¿ustedes saben que existe un proverbio chino sobre el pescador?" Estoy seguro de que muchos lo han escuchado, pero eso fue suficiente para llamar la atención de Las Kukis. Obviamente, tuve que empezar por explicarles qué es un proverbio. Una vez lo entendieron, y créanme fue después que me inundaran de preguntas, les compartí el proverbio que dice:

"Regala un pescado a un hombre y le darás alimento para un día. Enséñale a pescar y lo alimentarás para el resto de su vida".

"¿Entienden lo que quiere decir?" A ver "¿qué entendiste?" La Kuki mayor me dice: "si dependes del pescador, y él, de hecho, se ve que está viejito, si algo le pasa, el otro se puede morir". Le contesto: "cierto, eso le puede pasar. O sea que es mejor no depender de otras personas". La Kuki menor riposta: "eso es como los papás, las mamás y la escuela. Tenemos que aprender para poder ganar chavitos cuando seamos grandes". Le respondo: "También es muy cierto. Lo importante es saber que nunca terminamos de aprender, y los chavitos son el resultado de tu esfuerzo".

La Kuki mayor pregunta: "¿y qué le pasa si el otro pescador tiene hijos? Cuando ellos crezcan, ¿van a poder seguir pescando?" Le digo: "fíjate, qué interesante ese comentario. El pescador le provee la caña, el anzuelo, la carnada y el conocimiento de cómo usarla. Luego de eso, depende del aprendiz cómo usarla, o si quiere hacer alguna otra cosa o profesión. El maestro le da las herramientas, cómo las use es su responsabilidad.

Además, mencionas algo tremendamente importante. Existe una gran responsabilidad de compartir lo que has aprendido y aportar, con ese conocimiento muy especial, a ser mejor cada día y ayudar a los tuyos y a los demás". Les pregunto a ambas: "cuando ustedes tengan sus familias, ¿qué van a hacer?" Me contestan en coro: "pues mucho de lo que mi Mamá, mi Papá, y ustedes nos han enseñado". "¡Muy bien!", contesté.

"Mis Kukis, entonces ustedes le pasarán el legado de sus conocimientos y parte de su formación a la próxima generación. ¿Cierto?" La próxima pregunta era de esperarse, "¿qué es eso de legado?" Me sonrío y les digo: "es lo que estoy haciendo con ustedes". Las personas piensan en diferentes tipos de legado, algunos piensan que el legado es material, dejando riquezas, negocios y otros. Sin embargo, mi legado es a través de estas enseñanzas. Aquellas que nuestros padres nos compartieron y las que los años nos han enseñado y ahora, Mimi y yo, le pasamos a nuestros hijos y nietos.

"Ustedes, mi fuente de inspiración, me han hecho descubrir un nuevo propósito de escribir estas enseñanzas". "¿Por qué?" me preguntan Las Kukis. Les contesto: "cuando ya nosotros no estemos, quedará la letra escrita. Ustedes, la próxima generación, y las próximas después de ustedes, tendrán la oportunidad de compartir estas enseñanzas. ¿Conocen la Biblia, El Quijote (obviamente aún no), ¿las obras de los grandes maestros? Estas, escritas hace cientos y miles de años, y aún hoy seguimos leyéndolas, porque las letras perduran y humildemente espero que las mías perduren en ustedes y ustedes las usen con los suyos. Ese es mi legado a ustedes, el que tengan criterio propio, pensamiento crítico, la satisfacción de sentirse bien con ustedes mismas, que le den importancia al conocimiento, a las artes, y tengan empatía con las personas. Creo que es más importante que pensar en dejar riquezas…aunque eso siempre ayuda un poco".

"Mis Kukis, mis Cangris y mi Medio Pollo, ustedes son mi inspiración, y si de paso, tocamos a algunos de los que nos leen y causamos una reflexión o un cambio, ¡hemos cumplido con nuestro propósito! ¡Gracias Mis Kukis, hoy ustedes me enseñaron a mí!"

¡Por favor, cuidado con el chino!

A la memoria de:

Milagros Goitia Zeno, Manuel (Petaca) Iguina Reyes

Delia Hernández, y Miguel Hernández Vega

REGALO DESDE
Canadá

¡Qué alegría tan grande! Un mensaje desde Canadá para Mimi, la Jefa, y para Totto (ya mismo les explico el nombre). Lo importante es el detalle de Medio Pollo, el nieto menor, al enviar el mensaje que ven en la foto, el cual nos conmocionó a ambos, para que sepamos que nos ama y nos recuerda. Me pareció un acto de tremenda sensibilidad, muy parecida a la de su padre. Que Dios los bendiga a ambos, aún en la distancia ¡estamos con ustedes!

Este mensaje me tiró al medio… Totto es el sobrenombre que me tienen mis nietos (no se rían). Cuando La Kuki mayor comenzaba a hablar, traté de que me llamara *Lito*, *Ito* y otros más, pero terminó llamándome Totto. De ahí, la otra Kuki siguió, y el resto es historia. Soy Totto para los nietos, para mis hijos, y algunas amistades que abusan de mi confianza. La tienda del mismo nombre se salvó conmigo, porque tengo gorras, bultos, y camisetas que me han regalado, así que, sin remedio, tuve que aceptar el nombre. Descubierto y explicado el origen del nombre, para ustedes, sigo siendo "El Fregón".

Lo más importante fue el gesto de Allen, "Medio Pollo", al enviarnos un mensaje de amor. Nos llenó el corazón y nos hizo el día y la semana.

∞
No importa la distancia y la separación, el amor de la familia, de los nietos con sus abuelos, de hermanos y de amigos, no tiene fronteras ni barreras.
∞

Narciso
Y LA CUCHARA

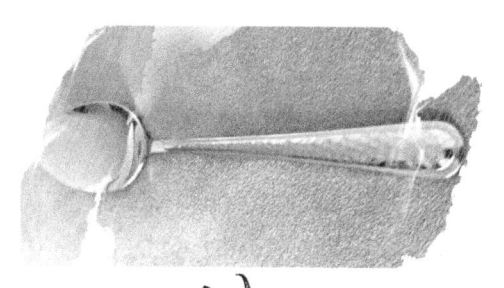

Como siempre, fiel al fregadero, y acompañado de mis ayudantes, veo que La Jefa había sacado una de sus cucharas más nuevas y relucientes. Al mirar la cuchara y mi reflejo en ella, me acordé de la analogía romana escrita por el poeta Ovidio (adaptada para efectos de esta historia), y les pregunto a Las Kukis:

"¿Ustedes saben la historia de Narciso?" (creo que nunca habían escuchado ni el nombre). La Kuki mayor, inmediatamente empezó a buscarlo en Google. La detuve y le digo: "es una historia que la voy a adaptar de unos romanos muy sabios que vivieron hace miles de años".

Narciso era un joven muy guapo que pasaba horas mirando su imagen reflejada en una laguna de aguas transparentes. Un día, sentado a la mesa, le entregaron una cuchara resplandeciente que parecía un espejo y Narciso vio por primera vez en su vida, su imagen reflejada en la cuchara, y se encantó tanto que se enamoró de sí mismo. Tanto así, que pasaba horas admirándose en la cuchara. Narciso comenzó a compararse con los demás y observó que él era el más bello. Su actitud al creerse bello y grandioso empezó a cambiar su conducta y empezó a alejarse de la gente que lo quería.

∞

En la vida se toparán con muchos Narcisos y Narcisas también. Sus vidas se centran en ellos mismos, aunque aparenten tener interés en la gente, pero son expertos en las apariencias

∞

Pero eso no es todo... Narciso en su obsesión de seguirse viendo reflejado en la cuchara, no permitía que la lavaran, para que no se marcara, solamente él, cuidadosamente, limpiaba la parte del frente, pero dejaba sucia la parte de atrás. Se inventaba todo tipo de mentiras para que lo dejaran quieto...la parte del frente muy bonito, pero escondía la parte de atrás. ¿Adivinen por qué? La parte de atrás de una cuchara es como una barriga, eso se llama el lado convexo, y ese efecto hacía a Narciso verse deforme, grotesco y feo, por eso no le gustaba. Al no lavar la parte de atrás, se fue oxidando y con el tiempo la parte del frente también comenzó a oxidarse. El óxido es tóxico, y de la misma forma, él se volvió una persona tóxica: la falta de limpieza, el creerse poderoso, el mentir y buscar excusas para evitar darse cuenta de lo que sus seres queridos le decían. Inclusive llegó a pensar que le envidiaban y tenía sospechas de todo el mundo, hacía trampas, inventaba historias, todas falsas y cada vez los alejaba más y terminaba maltratándolos. Con el tiempo su condición empeoraba, hasta que lo llevó a enfermarse. Si hubiera escuchado, todavía hubiese brillado aún más que aquella cuchara. Pero no lo hizo.

"Mis Kukis, en la vida se toparán con muchos Narcisos y Narcisas también. Sus vidas se centran en ellos mismos, aunque aparenten tener interés en la gente, pero son expertos en las apariencias y esto hace que atraigan a la gente. Todo está perfecto, si piensas igual que ellos, pero, cuando se dan cuenta que han sido descubiertos, o son confrontados, actúan igual de cruel que Narciso.

Le pregunto a Las Kukis, que están más atentas que nunca: "¿qué les pareció la historia?" y me contestan: "¡nos encantó!". Les pregunto: "¿qué entendieron de esta historia?". La Kuki menor preguntó: "¿Narciso se murió?". Le contesto: "posiblemente, sin embargo, les aseguro que al menos se quedó, sin amistades y quizás hasta sin familia. Su vanidad y su personalidad tóxica lo alejó de todos".

"¿Cómo uno puede evitar ser como Narciso?¡Ahhh mis amadas Kukis! Cuando se miren al espejo y se vean tal cual son se acepten y se sientan bien con ustedes mismas. Sobre todo, que se den a respetar solo así, aprenderán a respetarse y respetar a otros. Eso significa que tienen una autoestima genuina". Esta es la base fundamental para tener empatía, o sea, sentir lo que sienten los demás, el ser verdaderas, auténticas, íntegras y honestas, eso les ayuda a saber quiénes son, entre otras cosas. Solo así podrán evitar ser como Narciso. Recuerden que al igual que todas las cosas, los excesos son perjudiciales: la autoestima es buena, es la base de la autoconfianza, pero en el extremo dejarías que el orgullo se apodere de ti De la misma forma el extremo contrario, baja autoestima, también trae consecuencias, tales como inseguridad, dependencia y miedos. También muchas veces vulnerable a ser manipulable por personas con malas intenciones.

Todos los géneros deben tener estos conceptos básicos, claros. Considero que muchos de los problemas que enfrentamos hoy día, se deben en parte a conflictos no resueltos. Algunos oyen y buscan ayuda, pero en el caso del Narcisista, su misma condición, le impide aceptarse. Qué pena ¿verdad? "Sí es una pena", dicen ambas.

Mis Kukis, si hay algo más importante de todo lo que hemos hablado en las pasadas enseñanzas, es este tema.

Desarrollen siempre su personalidad y su criterio, identifiquen rápido cuando alguien trate de aminorarlas y aprendan cómo manejar a las personas tóxicas. Recuerden que, como la cuchara, todos tenemos un lado bonito, pero también tenemos el lado convexo. Conozcan ambos y no dejen que el orgullo sea el que domine sus vidas.

¿Okey? ¿Estamos cool?

Kuki… por favor, quítame la cuchara del frente. Este Narciso dejó de serlo hace muchos, ¡muchos años!

EN LA SOLEDAD DEL
fregadero

Ya todos se fueron, y está todo lavado y recogido. La Jefa se retiró y yo estoy cerrando y asegurando las puertas. Entro a la cocina y veo que el fregadero está vacío, con excepción de una cuchara solitaria que se quedó afuera. Me quedo unos momentos meditando sobre la soledad y cuantas personas estarán como esa cuchara, solitaria.

La soledad nos acompaña en ocasiones por diferentes razones. La pérdida de seres queridos, vivir en lugares lejanos alejados de la familia, o por enfermedades que nos tienen aislados. También están los que han tenido malas experiencias y deciden apartarse y estar solos.

Muchas veces nos encontramos rodeados de personas, inclusive en una fiesta y aun así sentimos que estamos solos.

Cuántas veces hemos estado en compañía de otras personas, pero nuestra mente está en otra dimensión, *estando tan cerca, pero al mismo tiempo tan distantes.* Hay personas que sencillamente les gusta estar solos, y no es que no sean sociables, su naturaleza los hace apreciar su independencia o soledad y eso está bien. Ocupan ese espacio, pintando, leyendo, hasta cocinando, horneando u oyendo música. También estamos los que hacemos ejercicios, aprendemos a tocar un instrumento musical, sembramos, e inclusive ocupamos la mente trabajando, o nos rodeamos de la familia y de amigos.

Cualquiera sea la causa de la soledad, debemos tener las herramientas para saber vivir con ella, y así seremos más felices.

Si no, piensen en esto, una persona muy cercana a mi corazón desarrolló esta filosofía, tras una batalla contra el Cáncer por muchos años de la cual salió victorioso: *los milagros existen, lo que sucede es que, lo que pedimos, pocas veces ocurre como pensamos, pero si miramos de cerca, ocurren pequeños milagros todos los días a nuestro alrededor, pero los damos por hechos y pasan desapercibidos, y los vemos como cosas casuales. Pero, si prestamos atención, los vamos a notar y una vez los reconocemos, son como pequeños triunfos que debemos celebrar. Si lo hacemos, nuestra perspectiva va a cambiar, al igual que nuestra actitud. Una vez esto ocurre se abre la puerta para que más y mejores cosas nos ocurran.*

Cuando había alguna situación difícil, mi Padre (QDEP), siempre decía: "mañana saldrá el sol nuevamente, y ese nuevo día, nos traerá nuevas alternativas y nuevos bríos".

Esa cuchara sola en el fregadero pudiera ser cualquiera de nosotros. Define tu soledad, y si necesitas compañía, búscala. Si tu pasatiempo llena tu vida, se feliz; si tienes problemas, arregla tu vida; busca tu propósito y cuando estemos listos, nos unimos nuevamente. Recordemos que no estamos solos, si los recuerdos son agradables, los disfrutamos nuevamente. Si no son agradables no permitas que te anclen en el pasado.

Quiero compartir este pasaje con ustedes:

"Oh, soledad, ¡alegre compañía de los tristes!
Sea moderado tu sueño: que el que no madruga con el sol;
no goza del día".

- Miguel de Cervantes

NO TODO LO QUE *brilla*...

Una noche mientras fregaba, una de Las Kukis me preguntó por qué yo no me quitaba el aro de matrimonio para fregar. Siempre veía a su Mamá o a La Jefa que se quitaban sus prendas. Le digo: ¿quieres ver? Me quito el aro de la alianza y cuando mira mi dedo, ve la marca del aro literalmente incrustado como una cicatriz en mi dedo. Con una mirada de ternura me dice: "Totto, pero ¿cómo te has hecho eso?". Me echo a reír y le digo: "esa es la marca del compromiso que hicimos Mimi y yo hace 48 años. Ese compromiso no fue tan solo entre nosotros. También es con nuestros hijos y con ustedes". Y le cuento que nunca me lo he quitado para nada. Me dice: "pero, aunque te lo quites, es como si lo tuvieras puesto". "Sí, así mismo es", le contesto.

Hablemos un poco de esto...el matrimonio es un compromiso para toda la vida. Mi Kuki, llegará el día en que conocerás a alguien que te gustará, quizás te llame la atención porque es guapo, inteligente, y te hace sentir bien. Tendrán muchos amigos y llegará el día que en tu corazón sabrás quién es el correcto. Yo no te voy a decir cómo, ni quién, solo confío que en su momento sabrás. Lo que sí te voy a decir es que, de la misma forma, se presentarán otros que, al menos tratarán de deslumbrarte con atenciones, con palabras y te montarán un espectáculo de pura falsedad. Te digo, y ojalá que te acuerdes de esto, "no todo lo que brilla es oro".

Frecuentemente nos encontramos en la vida con personas que viven de apariencias y, créeme, que brillan al punto de cegar a la gente. Sin embargo, cuando los miras bien, son huecos, muchas veces cubriendo sus faltas deslumbrando a las personas.

Hoy leí un escrito de una amiga que me dejó pensando. Era un afiche que habla de los monstruos que tienen encerrados algunas personas dentro de sí, como inseguridad, complejos, egoísmo, falta de lealtad, rencor, mentiras, entre otros. Personas así aminoran y tratan de empequeñecer a cualquiera que tenga luz propia y brille internamente. ¿Sabes algo? Esas personas nunca son capaces de establecer relaciones saludables y mucho menos, compromisos. Muchas frustraciones se pueden minimizar si logras identificara este tipo de personas y no te dejas engañar. Ojo, estas personas son extremadamente hábiles y llegan al punto de casi hipnotizar a los más listos. La gente eventualmente se da cuenta de su falta de autenticidad. Créeme, me he encontrado con muchos y muchas en mi caminar por la vida. Siempre confía en ti y en tu integridad.

Mi Kuki, aunque mi aro de la alianza esté opaco y desgastado, por el uso y el tiempo, el compromiso está grabado en mi dedo y en mi corazón, como testigo de mi promesa.

EN EL FREGADERO *Luto*

Cuando estoy fregando, tengo personas a mi alrededor: Las Kukis, la Jefa, y nuestros dos perros, Dindee y Tango, dos Corgis *Pembrokes*, que son los únicos que no hablan, pero siempre están atentos como si entendieran de lo que hablamos... Habíamos tenido ya una, Sasha, que nos acompañó por cerca de 11 años. Es una raza extremadamente inteligente, nobles, leales y guardianes de su rebaño.

Dindee y Tango llegaron hace poco menos de 10 años y desde el primer día, con escasas 10 semanas de nacidos, ya se veía la personalidad y el carácter de ambos. Tango, el gentil, dejaba que su hermana tomara agua primero. Dindee, por su parte, siempre mostró ser la alfa (jajaja, quizás por eso era que Tango le cedía su lugar siempre. Tango aprendió a comer rápido, porque de lo contrario Dindee venía a sacarlo y a comerse lo de él. Lo único que les falta a estos dos es hablar, aunque con los ojos y sus miradas sabemos lo que quieren.

Pero hoy faltará una de mis espectadoras. Nos rompe el corazón que Dindee, ya duerme el sueño eterno. Su partida nos deja el corazón destrozado. Una enfermedad terminal del hígado, diagnosticada hacía más de un año y con un pronóstico de solo tres meses de vida, esta campeona, con la ayuda y cuidados de La Jefa, la batalló por todo un año. Con toda la incomodidad y el dolor, luchó por su derecho a seguir siendo la guardiana del rebaño.

∞

¡Qué mucho podemos aprender de la conducta de los animales, en especial de los perros!

∞

¿Qué nos enseñó Dindee durante su corta vida con la familia? Dindee fue la primera amiga de La Kuki mayor, ambas teniendo la misma edad, crecieron juntas. Al año siguiente, nació La Kuki menor, e igualmente fue su compañera y los Cangris son locos con ellos. Para la época de María, nos movimos temporeramente al apartamento de mi hijo Manuel, y obviamente nos llevamos a Dindee y Tango. Todas las mañanas Medio Pollo venía a despertarme con los collares en mano para pasear a los perros y luego darles comida. Él siempre quería pasear a Dindee. Ambos perros han sido parte del crecimiento y el desarrollo del amor por los animales de todos mis nietos.

Dindee tenía personalidad y carácter y su amistad con La Jefa era una relación única, sin menospreciar al gentil Tango, el meloso. Mientras Dindee tenía una autoestima alta, de realeza, y se daba su puesto, Tango, por otro lado, hace lo que sea porque lo acaricien. Dindee, aún en su enfermedad, con un ladrido, ¡comandaba!

¡Qué mucho podemos aprender de la conducta de los animales, en especial de los perros!

Mi querida Dindee, estamos tranquilos porque ya no estás sufriendo. Batallaste hasta lo último y nos enseñaste a no darnos por vencidos. Fuiste una influencia en la crianza de Las Kukis, les enseñaste el amor por los animales, y nos enseñaste el valor de la lealtad y de cuidar a nuestro rebaño. Gracias por haber sido parte importante de nuestras vidas. Y Tango el gentil y noble, seguirá tu trabajo de guardián y de repartir amor. Hasta luego querida amiga. Me vas a hacer falta en el fregadero.

El fregadero está de luto.

EL CUENTO DE LA
Kuki mayor

Prólogo: Hay un virus en el fregadero. Las Kukis están emocionadas con las historias y se han contagiado con la escritura. ¡Ahora tengo dos escritoras! Voy a compartir con ustedes sus historias, con edición mínima. Lean, disfruten y compartan.

Llega Halloween

Autora: Sabrina Mendizabal

Ilustradora: Sabrina Mendizabal

Editor: El Fregón

Hace un año había pasado Halloween y ese año fue un poco trágico porque había personas locas por las calles. Una niña llamada Stormy, quien cumplió quince años en octubre, todavía no tenía el disfraz de Halloween y ella quería buscar dulces con sus amigos, pero era muy difícil por la pandemia. Aun así, Stormy quería disfrazarse, aunque fuera para la familia. Ella le pregunta a su mamá: "¿cuándo me vas a llevar a la tienda de disfraces?". Y la mamá le contesta: "bueno Stormy, estoy ocupada, pero si quieres busca mi cartera y con mucho cuidado ve a la tienda de disfraces que está al frente de la casa. ¿Ok?". Stormy le dice: "ok". La mamá le vuelve a decir: "ten cuidado" Stormy le dice: "sí mamá, voy a tener cuidado como siempre y ya yo lo he hecho varias veces".

"No tardes mucho, ¿ok?, le recalca la mamá. Stormy le dice: "no mamá no me tardo, lo prometo".

Stormy salió de la casa y se paró al frente de la tienda, pero había algo raro en el letrero. Stormy se extrañó, eso nunca estaba, era un zombie en el letrero, pero en realidad a ella no le importó porque era Halloween. Entró a la tienda y buscó disfraces, pero no encontró ninguno. Se arriesgó y se fue para otra tienda y vio uno que le pareció muy bueno. Se lo trató y algo rarísimo pasó. Comenzó a dar vueltas y parecía que caía por un hoyo y rápido se desapareció. Stormy gritaba, pero parecía que no le hacían caso, pero ella tenía el teléfono, así que podía llamar a su mamá. La llamó como mil veces, pero Stormy apareció en un sitio extraño. La mamá, al ver que Stormy se tardaba, se asustó y salió por ella para la tienda y no la vio allí.

Fue a la casa para ver si ya había regresado, pero no estaba allí. Stormy se levantó y se restregó los ojos porque ella pensaba que estaba soñando, pero ella tenía el disfraz puesto. Ella se dio cuenta que ese disfraz tenía un botón, pero no le hizo caso. Trataba de salir de la casa, pero se dio cuenta que esa casa estaba embrujada, porque ella vio a una bruja moviendo la sopa para comer. Stormy gritó: "¡auxilioooooo!, ¡Ayuda!". La bruja le dice: "ven aquí". Stormy se asusta y dice: "nooo, no quiero ir" y sale corriendo. Stormy se acordó del botón y lo apretó y de momento regresó a la tienda en donde estaba. Entonces se quitó el disfraz y salió corriendo a la casa. Entró muerta de miedo y abrazó a su mamá y le contó lo que le había pasado. Las dos se quedaron en la casa y no salieron hasta que Halloween se acabara.

Fin.

Le pregunto a La Kuki Mayor: ¿cuál es la enseñanza de este cuento? Y ella me contesta: "tiene muchas Totto. Estamos en una pandemia y tenemos que cuidarnos. No importa la edad que tengas, no debes salir sola. La mamá de Stormy debió salir con ella. Estuvo mal de Stormy ir a otra tienda sin decirle a su mamá. Rompió su promesa.

En este Halloween el mejor sitio para estar es en tu casa, con tu familia.

La Kuki Mayor

HECHO EN *China*

Hoy mientras fregaba los platos, vi en la parte trasera de uno de ellos un sello muy familiar para todos, "Made in China". Me trajo muchos recuerdos de mi época cuando viajaba por toda Asia, en especial China y cuando tuvo su apertura al mundo en los años 90. Y así siguieron India, Singapur, Corea y otros. Me impresionó grandemente las rápidas respuestas de todos estos países, preparándose para fabricar y exportar sus productos. Y no hablo tan solo de los empresarios locales que conocemos, desarrollo de tecnología, y exportación de servicios, entre otros.

Se preguntarán, ¿por qué El Fregón está hablando de este tema? Sencillo. A mí me impresiona la capacidad y voluntad de muchos de nuestros jóvenes, algunos lanzándose sin cálculo de riesgos, simplemente con una idea y le ponen todo lo que tienen hasta hacerla realidad. Me trae a la memoria dos ejemplos. Hace unos años, una persona de la edad de mis hijos montó uno de los primeros camiones de comida (*food trucks*), y hoy día tiene una cadena de camiones. Otro, es el caso de dos hermanos, hijos de emprendedores extranjeros, que relevaron a su padre, y han desarrollado una de las cadenas de restaurantes más grandes, incluso expandiéndose fuera del país. Estos son tan solo dos ejemplos, pero existen cientos.

Luego de la devastación de los huracanes Irma y María, perdimos más de 50,000 negocios. En dos años, a puro pulmón, ya se habían levantado 30,000 nuevos negocios. Todos los días conozco personas que me inspiran por su valentía, arrojo e imaginación para lograr grandes cosas en nuestro país. Siempre he dicho que nuestro futuro está en la educación, en el estímulo de esta cepa de emprendedores a desarrollar sus negocios y exportar su producción a otros países.

Jóvenes, debemos tener la voluntad de hacer posibles nuestros sueños. Como dice el dicho: "Donde hay un deseo, siempre hay una forma de hacerlo".

Mi sueño es que un día que esté de viaje en otro país, vea en el aeropuerto muchos negociantes de nuestro país, viajando alrededor del mundo. Sueño con ver un producto o una empresa y que lea "Hecho en Puerto Rico", en lugar de "Made in China".

Dios bendiga a nuestro país y a los suyos.

¡Mírate por dentro!

Hacía tiempo que tenía esta enseñanza en mente, aunque no tiene que ver con El Fregadero, pero no se preocupen, no es de política, ni nada parecido.

Hace un tiempo donde vivía, se organizaba un torneo de baloncesto para niños y jóvenes que fue uno de los movimientos más concurridos del área. La historia es sobre este grupo de muchachitos entre las edades de 10 a 12 años, con diferentes niveles de destrezas en el baloncesto, desde no saber driblear la bola y mucho menos saber tirar la bola al canasto. Aunque siempre se trataba de distribuir a los muchachos por su nivel de destrezas, siempre se quedaban uno o dos equipos con mayor ventaja que los otros. El propósito era tener una sana competencia que fuera nivelada.

Comenzamos a organizar y a enseñar los fundamentos básicos del juego. Como siempre pasa, en las prácticas todo salía súper, pero en el momento del juego, no salía nada de lo practicado, y se les olvidaba todo. El miedo y la falta de confianza los traicionaba.

Debo hacer un paréntesis. ¿Se recuerdan que en una época salieron unas sortijas y medallones que cambiando de colores decían si estabas en estrés? Venían también unos pequeños sellos que tenían pega y se ponían en la muñeca. Fui y compré unas cuantas docenas y también muñequeras. La cosa no para ahí. Aprovechábamos antes de cada juego y les pedía que cerraran los ojos y comenzaba a llevarlos en un ejercicio de visualización de las jugadas, para que se vieran dribleando, tirando y metiendo la bola, y sintieran la alegría de estar en la cancha. Luego, la ceremonia era ponerle el sello debajo de la muñequera, y esto, fuera de sus padres, era un secreto entre nosotros.

Regresando al juego, en el primero no todo fue como se esperaba…aún el miedo los paralizaba. Era obvio, pero debo admitir que necesitaban un incentivo mayor. De ahí surge la frase ¡mírate por dentro! En el ejercicio de visualización antes del juego, les decía: "bueno, ahora cierren los ojos y vamos a mirarnos por dentro". ¡Esa fue la frase mágica! En ese segundo juego, en cada tiro al canasto, jugadores en el banco, los padres en las gradas, todos juntos, antes del tiro, gritábamos: ¡mírate por dentro! Se miraban dentro de la muñequera y con una sonrisa de confianza en los labios hacían el tiro. Se podrán imaginar la energía que se desarrollaba. Cada uno comenzó a entender su rol en el equipo y cada vez jugaban mejor.

Saben, un equipo es tan fuerte como su eslabón más débil. En una ocasión tuve un jugador, más pequeño que los demás, con muy poca habilidad, pero disciplinado y los muchachos lo embromaban porque era tan blanco como un pote de leche. Ese día jugábamos contra el equipo que estaba en la primera posición y nosotros éramos los segundos en la tabla de posiciones. Decidimos cambiar la estrategia y "Pote de Leche" jugaría en el primer cuarto y tendría la responsabilidad de defender contra el mejor jugador del otro equipo. Las instrucciones fueron simples: pégatele como un chicle a un zapato y no dejes que le llegue a la bola y si le llega, que tu cara sea lo primero que vea. ¡Dicho y hecho! Cada vez que el pobre muchacho del equipo contrario lo veía, la cara le cambiaba, y cuando lo sentaban, nosotros sentábamos a nuestro "Pote de Leche", y tan pronto se reportaba, ahí iba el nuestro y el pobre contrincante no pudo con la presión y apenas anotó. Nuestro "Pote de Leche" no había metido un solo punto en toda la temporada y le dan una falta, va a la línea del tiro libre y el grito de "¡mírate por dentro!", no se hizo esperar y fue ensordecedor (hasta los del otro equipo le gritaron). Tiró la bola y encestó y aquello se quería caer. Todo el equipo se tiró a la cancha, como si hubiéramos ganado el campeonato.

Mi querido "Pote de Leche" es hoy el licenciado Daniel Martínez, y ese día fue el héroe y dejó de ser el eslabón débil y se convirtió en la mejor defensa del equipo. Hay muchas historias, pero esta en particular es una de esas que la llevas grabadas y no se olvidan.

Al final ganamos el campeonato y al poco tiempo fuimos invitados a representar a Puerto Rico en un torneo internacional y el equipo fue dirigido por el gran Manolo Cintrón y yo, con mi sicología de primer año.

De los Estados Unidos vinieron unos cuantos equipos y ¡Madre Santa! Los muchachos de nuestro equipo parecían de kindergarten comparados con aquellos gigantes. Usamos la épica frase, pero no funcionaba. Se les veía el miedo en la cara. Así que tuve que inventar otra cosa…tres letras: "CIA". Solo los muchachos sabían su significado. Me reúno con los padres y fanáticos y les pido que griten esas tres letras en todas las jugadas y en el resto de los juegos. Aceptan sin saber lo que significan, aunque algunos padres tratan de que les diga, pero nonines, eso era entre los muchachos y nosotros, pero me comprometí a decirles después del último juego.

No tan solo por estas letras ganamos el subcampeonato, los muchachos y Manolo ¡hicieron un trabajo fenomenal!

Estoy seguro que al igual que los padres, ustedes querrán saber el significado. Se lo voy a decir en italiano para mantener el pudor, aunque quizás se la imaginan y otros sé que buscarán el traductor en sus celulares:

"cagano altrettanto puzzolenti". Para que no se desvíen, en español es: "Cagan igual de apestoso".

Ambas frases o técnicas siempre han tenido un significado muy especial: una representa el valor de la introspección y visualización como herramienta de crecimiento personal y la practico todos los días. La otra, una realidad de la vida, todos somos iguales, no debemos dejarnos intimidar, por ninguna situación, ni por nadie, siempre respetando a los otros, dejándoles saber que la sangre de todos es roja y los huesos blancos. Y que…"Cagan igual de apestoso".

Gracias Javi, por traer a mi memoria esta etapa de nuestras vidas. Esta historia la dedico a los miembros de Los Rockers de Borinquen Gardens, a los equipos Coquí, y a todos los que organizaron el movimiento Los Cequís de Borinquen Gardens, un movimiento místico, que unió familias y amistades que aún perduran hoy. A los organizadores iniciales de este movimiento, el ingeniero

Enrique Blanes, ingeniero Roberto Pérez, el señor José Santiago (QDEP), y Manuel de Ángel (QEPD), pero muy especialmente a mi padre, Manuel "Petaca" Iguina (QDEP), que con su ejemplo y dedicación a la juventud me enseñó el valor y compromiso con los niños y los más jóvenes. Y algunas veces, con los no tan jóvenes.

La olla

Comienzo esta enseñanza luego de ver unas fotos que me remontaron a cuando tenía 12 años. Caminando por una de las avenidas de mi pueblo, pasé frente a una ferretería y justo en la vitrina, vi este juego espectacular de ollas y utensilios de la marca *Corning Ware*, y me dije, aquí está el regalo del Día de Las Madres para mi viejita. Entré a la tienda y me quedé absorto mirando el juego de ollas, pero cuando me dijeron el precio, fue como si me tiraran un balde de agua fría por la cabeza. Me fui de la tienda pensando cómo iba a conseguir los $45 que costaban, que en aquella época equivalían a $250 o más de hoy, y yo tan solo tenía apenas $10. Hablé con todos, mis hermanas, mi abuela (quien me dio un dólar), hablé con el Viejo, y me dijo: "recorta el patio, ayúdame a pintar y te doy $20".

En esa época, para colmo, también estaba nadando en el equipo de natación, así que entre la escuela y las prácticas no tenía mucho tiempo. Entre los $10 pesitos, los $20 del Viejo, y el pesito de la abuela, ya eran $31 pesitos. Así que me armé de valor, practiqué un pequeño discurso que iba desde una presentación, hasta implorar que me los vendieran por los $31 pesitos.

Entré a la tienda, con rodillas temblorosas, y la voz en proceso de cambio, de un jovencito de 12 años, que estoy seguro de que en aquel momento hasta los gallos cantaron. No recuerdo quién me atendió. La primera parte de la estrategia fue un fracaso, pero estaba listo por si me veía obligado a tener que rogarle. De momento el vendedor, o me cogió pena o se conmovió por todo lo que había hecho para ganarme esos chavitos. Me dice: "mira yo conozco a tu Papá. Vamos a llegar a un trato. Dame $30 de los $31 pesos que tienes para que no te quedes 'pelao'. Te voy a dejar el set en $35 pesos, y los otros cinco me los vas a pagar con lo que sigas trabajando. ¿Estás de acuerdo? Si no me los pagas, se en dónde encontrar a tu Papá". La cara se me iluminó, le di las gracias, no sé cuántas veces, me estrechó la mano y cerramos el negocio.

∞

Me estrechó la mano como pacto de hombre a hombre, de caballero a caballero.

∞

A los dos meses, fui nuevamente a la ferretería y le pagué la deuda. Si antes me alegré, en esa ocasión salí con la frente en alto y el corazón hinchado de orgullo. Creo que fue el regalo que más apreció mi santa madre.

Años después, ya casado con La Jefa, en un gesto de pasarle a ella algo que tenía mucho valor, mi mamá se lo regaló (al menos las piezas que aún quedaban). Mi esposa siempre se lo agradeció y hoy, 56 años más tarde, aún continúa en uso.

Esa era la gente de mi pueblo, repleto de negocios de familia. Ese día, esa persona, vio un muchachito con un sueño, y un deseo grande de lograrlo. Con su acción, contribuyó a fortalecer mi confianza y contribuyó a hacerme responsable. Me estrechó la mano como pacto de hombre a hombre, de caballero a caballero. Eso representa esa simple olla.

Un simple gesto puede tener un gran significado en el futuro de un niño, o un joven, y hasta aún en los adultos. Esa enseñanza me ha acompañado toda mi vida. He tratado de replicar su ejemplo de diferentes formas. Es otra de las razones que me inspiraron a escribir estas enseñanzas. De alguna forma un legado para los míos y espero que también para los tuyos y los de todos.

La copa MANCHADA

En una conversación que tuve con Las Kukis, les preguntaba cómo les iba con las clases virtuales debido a la pandemia, y si se acostumbraban a no estar con sus amigos. Mientras las escuchaba, lavaba una copa. Había tomado un poco de vino, y ya saben que, si no se lavan bien, se quedan manchadas. Dejé la copa manchada a propósito, y luego de escucharlas un rato, les pregunto:" ¿ven esta copa? ¿Qué observan en ella?" Inmediatamente me dicen: "se te quedó sucia". Y acto seguido, vino la amenaza: "¡lávala bien antes de que La Jefa la vea!" Me río con su espontaneidad. Les contesto: "sí, está manchada".

Les pregunto nuevamente: "¿han conocido a alguien que ustedes consideran sus mejores amigos y piensan que son sinceros con ustedes, y luego se enteran de que les han mentido, o andan a sus espaldas contando cuentos de ustedes?". Hubo silencio por un momento. La primera en responder fue La Kuki mayor que me afirmó que sí le ha pasado y le ha dado mucha pena. Un alma noble e inocente no guarda rencor, al contrario, le dio pena. Para darle un giro a la conversación, les cuento que a mí también me ha pasado en un sinnúmero de ocasiones, y que mi reacción ha sido igual, aunque mi alma no es tan pura (¡ya quisiera yo!). Ellas me preguntan qué haría para aclarar la situación, pregunta muy sabia, y debo tener cuidado cómo la contesto.

Les dije: "me ha sucedido, tanto en el ambiente de trabajo, como en el personal. En algunas ocasiones las personas, por celos porque se sienten amenazadas o porque de alguna forma se sienten comprometidas por algo que hicieron o dijeron, actúan de esa forma. Cuando sabes o imaginas el por qué, eso te da indicios de cómo tratar la situación. Puede ser desde tener una conversación REAL, sin acusar, calmada y simplemente dejando saber cómo te sentiste, o cómo la acción de esa persona te hizo sentir. O tener una confrontación directa decidir huir, o simplemente ignorar la situación. Asegúrate de que no había un propósito, porque si escoges esta última, que no sea por pena o por miedo. De lo contrario, créanme, volverá a morderles nuevamente. ¿Me entendieron lo que les he querido decir?". Me preguntan: "¿y qué tiene que ver eso con una copa de vino sucia o manchada?". "¡Excelente pregunta! ¿Qué creen ustedes?". "Que, si no lavas bien la copa, ¿se va a manchar?". Les respondo: "más o menos correcta". "Imagínense una fina copa, delicada, cualquier golpe pequeño la puede romper y cualquier gota la mancharía, y debe ser totalmente transparente". Les añado: "por supuesto, hay copas más gruesas y resistentes". "La amistad y las relaciones son como la copa. Cualquier cosa las puede empañar y si no es una amistad o relación sólida, cualquier golpe la puede romper. Hay personas que no les importa manchar a otros y siguen su paso por la vida, sin conocer ni importarles las consecuencias. A esas no les doy muchas probabilidades. Sin embargo, hay que tener mucha inteligencia emocional para que, primero sepan cómo definir a cada persona y sus expectativas. Segundo, cómo manejar cada situación. En mi experiencia, algunas veces se salvan las relaciones, pero en otras ocasiones no. Pero que no sea porque no tratamos".

Ahora, mis Kukis, vamos a lavar la copa… ¡antes de que La Jefa la vea!

"La amistad y las relaciones son como la copa. Cualquier cosa las puede empañar y si no es una amistad o relación sólida.

LOS ARBOLITOS DE
guayaba

Hace unos meses, La Jefa trajo unas guayabas a la casa. Curiosas al fin, Las Kukis me preguntan sobre esta fruta. Una de ellas, al ver la guayaba por dentro, se desagrada por las semillas, pero le encanta la corteza, dulce y blanda. Le sacamos las semillas y de aquí, adivinen, sale un proyecto. "¡Vamos a sembrar arbolitos de guayaba!" La primera asignación era, aprender cómo sembrar y trasplantar las semillas. Hecho esto, nos dimos a la tarea de buscar buena tierra y los tiestos adecuados y así, comenzamos el proyecto. Seguimos las instrucciones al pie de la letra. Todos los sábados íbamos a inspeccionar el desarrollo de las semillas. Celebramos cuando vimos los primeros retoños (Las Kukis pensaban que eran sus bebés). Hicimos la selección de cuáles se trasplantarían a tiestos más grandes.

Luego de varios meses de haber comenzado el proyecto, fuimos a inspeccionar a los "bebés".

Los examinamos de cerca, como doctores a sus pacientes. Observamos unas diferencias. Las Kukis comentan: "¿por qué están de diferentes tamaños? ¿Por qué hay uno que no es tan verde como los otros? ¿Por qué hay uno que sus hojas son más pequeñas?". Siguen preguntando: "¿Si todos son de la misma guayaba, se sembraron en la misma tierra, ¿por qué salieron diferentes?". Todas las preguntas eran interesantes e inteligentes. Comenzamos a formular la hipótesis. Les digo: "quizás al que está más grande, lo pusimos más al sol y le tocó más agua, pero el que tiene las hojas menos verdes (y aquí se nos une La Jefa que sabe más de jardinería que nosotros) y nos dice: "las hojas se ponen de ese color porque le echaron más agua de la debida". Las Kukis comentan: "al más pequeño no le tocó más agua o se escondió en la sombra. Quizás es que unos están destinados a ser más grandes y otros más pequeños y otros más enfermizos". Todas explicaciones muy razonables.

"La naturaleza es grandiosa, ¿no creen? Las plantas nos enseñan que aún ellas se parecen más a nosotros de lo que imaginamos. Aún bajo las mismas condiciones, dos plantas pueden crecer de manera diferente. La semilla es lo que dictará cuán fuerte o grande crecerá un árbol. Hay plantas que quizás necesiten más ayuda o fertilizantes para poder seguir creciendo saludablemente. Hay plantas que pensamos que necesitan más agua, y en nuestra buena intención de ayudarlas, lo que hacemos es ahogarlas y enfermarlas.

Tómate un momento y piensa o mira a tu alrededor, observa cómo están tus plantas. Si están creciendo bien, déjalas que sigan creciendo. Si tienes algunas que necesitan ayuda, tiéndeles la mano, para que salgan de la sombra y les dé más sol. Si tienes alguna que, la cuidas más que a las otras, la riegas constantemente, y aún con todo ese cariño bien intencionado, tal vez la estás ahogando, y lo que necesite es que la dejes tranquila para que pueda crecer a su forma, a la que fue destinada a crecer. Aún en su grandeza, la madre naturaleza necesita de nuestra ayuda. Igual que nosotros necesitamos que nos ayuden, no todos somos plantas fuertes, pero sí podemos, dentro de nuestro alcance, crecer, ser felices y saludables. Tener un huerto saludable, al igual que relaciones saludables, está dentro de nuestro alcance. Sal y mira tú huerto.

Mis Kukis, vamos a ver cómo van creciendo los arbolitos de guayaba.

LA FLOR DEL futuro

Esta enseñanza se trata sobre la historia de un árbol de limón que fue literalmente arrancado por la fuerza del huracán María, y de cómo, de una pequeña raíz, el árbol se negó a morir y comenzó a resurgir nuevamente.

Traigo la referencia de esta historia por la pertinencia que tiene por los tiempos que estamos pasando. La pandemia, las medidas puestas para vigilar por nuestra vida y seguridad. Sé que para muchos es motivo de preocupación, y puede seguir elevando los niveles de ansiedad el encierro casi total.

Además de la salud, la otra parte preocupante es la maltrecha economía. La situación está ya delicada y se anticipa el cierre de muchos negocios que se han mantenido abiertos en contra de viento y marea. La pregunta es: ¿cuánto más podrán resistir? ¿Cuántos de los nuestros se quedarán sin el sustento? Esto sumado a los que ya han perdido sus ingresos para alimentar a sus familias. Son retos gigantescos los que nos toca enfrentar en estos próximos meses, y quien sabe si en años, mientras sigan llegando la ansiada vacuna. Esa no puede ser excusa para bajar la guardia.

Volviendo a la semilla y el árbol, y qué relación tiene con toda la parte negativa de lo que nos ocurre. Ayer observando el arbolito de limones, el que sobrevivió a la fuerza del huracán, veo que están brotando flores de sus ramas, y pienso, "no puede ser, está muy pequeño todavía". Luego caí en cuenta de que viene de una raíz sembrada hace años, tal como nosotros, con raíces fuertes que, a pesar de nos tumban, volvemos a levantarnos. Me fijo con más detalle y veo que también ya se ven pequeños limones en sus ramas. Miro al cielo y doy gracias, y lleno de júbilo y alegría, me sigo sorprendiendo sobre la grandeza de la naturaleza y del Creador. Estamos en medio de lo peor de la pandemia, un país devastado por huracanes, terremotos y un microscópico virus que muere con jabón, sin menospreciar el peligro mortal que representa. Aún así, la naturaleza nos enseña el futuro en una esplendorosa flor, reflejo de quienes somos. Me llenó de esperanza imaginar que nuestro pueblo vencerá el virus; que la economía, con mucho esfuerzo, podrá resurgir; que de la misma forma que el huracán María provocara el cierre de 50,000 pequeñas empresas y en 36 meses ya se habían recuperado 30,000, en esta ocasión, también las empresas y la economía se levantarán; cada padre y madre podrá volver a trabajar; nuestros niños podrán regresar a los salones de clases y continuar con su educación y vida social saludable. Veo en todas ellas una flor que refleja y nos dice lo que pasará. Sí, sé que es poético y filosófico para los incrédulos, pero lo hemos hecho antes y ahora no es diferente.

Para los incrédulos, oigan bien esta parte...todas las personas que han tomado de forma liviana e irresponsable esta situación de la pandemia aprendan una lección de conciencia ciudadana en todos los aspectos; los que sacan ventajas políticas, los que confunden la ética y la moral y la usan para sus dudosos propósitos; los que hacen caso omiso a la lógica, la prudencia y el respeto por la vida, por simplemente un momento de diversión o con la excusa de que es una reunión de familia, no usen eso de excusa. ¿Cuántos de nuestros familiares están en la morgue por esas conductas? ¿Cuántos más no podrán ver una próxima Navidad, o la boda de una hija, el bautismo de un nieto, o cuántos servidores de la salud estarán en hospitales, cuidando a aquellos que tomaron esto de forma liviana?

De esta analogía se pueden obtener muchas enseñanzas, las más relevantes son: primero, debemos tener siempre esperanza y no perderla, al igual que el arbolito de limón, no nos podemos dar por vencidos. Aun cuando el tiempo y las circunstancias han sido adversas, debemos tener la fuerza para no sentirnos derrotados y seguir adelante.

Esa flor es un renacer, de la misma forma que aquel árbol de limón que se negó a morir, esa flor representa esperanza y el futuro.

Segundo, en los tiempos que vivimos debe imperar la cordura y el sentido común. Los huracanes los conocemos, ya hemos experimentado muchos, pero contra lo que estamos batallando es algo desconocido, y cuando creemos que lo conocemos, se nos presenta de una forma diferente, más peligrosa, más dañina. Tenemos que cuidarnos a nosotros y a los nuestros. ¡Hagámoslo por ustedes y por todos! ¡Quédese es su casa! ¡Protéjase y sea responsable!

∞

Esa flor es un renacer, de la misma forma que aquel árbol de limón que se negó a morir, esa flor representa esperanza y el futuro.

∞

Los mensajes

Todos los días estamos recibiendo mensajes, unos positivos, otros no tanto. En ocasiones los pasamos inadvertidos, otras veces se nos presentan de formas obvias, y otras veces nos pasan por el frente y no nos percatamos.

¿Qué quiero decirles con esto? La mejor forma que puedo es contándoles una historia. Esta persona recientemente había perdido su trabajo. Tenía a uno de sus hijos enfermo, y él y su esposa, estaban pasando por un momento extremadamente difícil. Apenas pudo convencer a su esposa para ir al cine para distraer la mente, al menos por un rato. Él guarda los boletos de entrada en el bolsillo de su abrigo. La película lo hace olvidar un poco el problema. Transcurrieron varios años y la condición de su hijo empeoró a nivel crítico. El muchacho necesitaba ser intervenido y someterse a una operación extremadamente delicada y de mucho riesgo.

Estando en el hospital el nivel de tensión aumentó a medida que pasaban las horas y el punto de desesperación estaba en su nivel más alto. El padre, sale de la sala de espera y caminando por aquellos pasillos encuentra una Capilla y entra a ella, y le pidió a Dios su intervención y respira profundo, aceptando cualquiera sea el designio. En este momento se mete la mano en el bolsillo del abrigo, el mismo abrigo que tenía cuando fue al cine, palpa que tiene unos cartoncitos, y cuando los saca, cae de rodillas y con lágrimas en los ojos comienza a dar gracias. La película que vio ese día fue "La vita è bella". En ese momento recibió el mensaje de que su hijo saldría bien de la operación y que todo estaría bien. Horas después salió el cirujano para confirmarlo...la operación había sido un éxito. ¿Coincidencia que el mensaje de la película le enseñó que no hay problema sin solución, aún con sacrificios? ¿Coincidencia que guardara los cartoncitos? ¿Coincidencia que tuviera ese preciso día el mismo abrigo?

De la misma forma que la vida nos presenta situaciones difíciles de salud, relaciones, estrechez económica, de la misma forma nos ofrece lo que llamo los mensajes. Tal como el que acaban de leer. Esos mensajes que llegan de diferentes formas a través de personas, amistades, la familia, y otras menos evidentes. Todos vienen con un propósito, con un valor, para darte ánimo, consolarte, darte seguridad, o darte dirección. Piensen que están recibiendo mensajes, presten atención, y les aseguro que si no es hoy, pero tal vez mañana, los verás y entenderás.

Recuerda siempre, "la vita è bella". No importa lo difícil que sea la situación, nunca pierdan las esperanzas. Siempre tendremos días grises, pero el sol sale en algún momento, y por breve que sea, disfrútalo.

La solución puede estar a la vuelta de la esquina.

Los caminos

Durante el transcurso de mi vida, he tomado decisiones que han requerido de un análisis riguroso, pero también del instinto en ocasiones resultando ser estas decisiones una pesada carga para la familia. Una familia, que siempre me ha apoyado en cada uno de mis proyectos en los que mi entrega siempre ha sido cercana a lo absoluto.

De tiempo en tiempo aparecen situaciones que nos obligan a un análisis e introspección profunda. Lo interesante es, que como resultado de ese análisis, descubrí otras habilidades, pasiones y sueños que tenía y no había desarrollado por falta de tiempo, de concentración o porque no era el camino que debía tomar en ese momento. Hace unos días leyendo, me topé con esta cita de un escritor, a quien respeto, que me hizo pensar:

> *«No vayas a donde el camino pueda llevar, ve donde no haya camino y deja un sendero.»*
>
> *- Ralph Waldo Emerson*

Llegué a la conclusión, en ese momento, que ese sendero es el que he estado caminando, una nueva pasión que trata de dejar huellas, influyendo en la vida de otros: en algunas ayudando y en otras, llevando a la reflexión, hablándoles a la razón y al corazón.

Seguiré tratando de dejar un sendero, un legado, y a ver hacia dónde me lleva. Es por esto y otras pasiones descubiertas, que no escojo camino, escojo hacer sendero.

La vida es un enjambre de caminos, cruces, desvíos, calles sin salida (por supuesto calles llenas de hoyos), cada una con un significado y un aprendizaje. Mantén siempre tu norte, recuerda que el sendero lo haces tú y te llevará a ese sitio en donde estés en paz y feliz. Al final, es tu sendero y lo escogiste tú.

La Santita

Escuchando una conversación, desde mi fregadero, alcanzo a oír una vocecita con tono de preocupación decir: "es que me llama La Santita". Ese comentario me remontó a mis tiempos de niño a joven, y llegaron a mi memoria los sobrenombres que nos poníamos por pura broma y relajo, pero ojo, porque si te molestabas, ¡podías caer bautizado para el resto de la vida!

Tengo varios amigos, casi hermanos, que hoy día, pocos conocen su verdadero nombre. Solo bastaba con que tuvieras un guante, un bate, una bola de baloncesto para ser parte del grupo. Había diferentes grupos, claro que sí, siempre los ha habido, somos seres de rebaños. Sin embargo, cuando nos encontrábamos en el cine o en el parque, éramos uno.

Hoy día, además de ponerlos por broma, el asunto de los sobrenombres ha tomado un giro diferente. Los sobrenombres van asociados a un tipo de "bulling" o acoso. He observado que ya no esperan a ser teens. Ya cuando entran en la edad de doble dígitos, y aun antes, comienza la carrera y los retos, por ser el más popular; el que más experiencia tiene; el más inteligente; el que se siente superior; el que ya a temprana edad ha estado expuesto a información no apta para su edad. Y están los que no les prestan atención a los comentarios y les apena, y quizás no entiendan, el por qué actúan de esa forma. No todos a esa edad pueden entender. El impacto que tendrán estas conductas en el futuro es desconocido. Podemos identificar y echar culpa a un sinnúmero de factores... Al final, si los adultos nos hacemos de la vista larga, estamos negando la realidad más importante, somos nosotros los responsables de enseñar, y la mejor enseñanza es a través del ejemplo.

La pregunta obligada es, ¿estamos tan complicados que permitimos que nuestros niños a esa edad tan vulnerable desarrollen una visión y una madurez saludable por si mismos? Como dirían en la calle, al garete. ¿Puedes pronosticar cuál será su futuro? Piensa por un momento: ¿qué ejemplo estamos dando?

Volviendo al Fregadero, ya la conversación está terminando y la vocecita de tono preocupado, ya se oye más confiada, más clara de quien es. Ella cierra la conversación comentando: "Amiga es aquella que te acepta tal cual eres".

Con ese comentario, terminé de fregar, y pensé: "Mi Santita, me recordaste a mi padre, quien tenía una filosofía interesante sobre la amistad". Pero esa es otra historia.

Las amigas

Pasan horas hablando por teléfono. No pasa un minuto de haberse visto y ya se están llamando. No voy a pasar juicio ni a criticar porque quiero dormir en mi cama esta noche, y mucho menos quiero comparar las conversaciones entre amigos. Aunque es obligada, sin malicia, alguito hay que decir. Si hablamos por teléfono, las conversaciones no duran más de dos minutos, y si se dan en persona, después del segundo tema, ya no hay tema. Si es un grupo de amigos, todos participan con sus dos temas y es más, el tiempo de chiste y risas cuenta como parte de lo que se habla. Y hasta aquí llegué, para no seguir incriminándome.

Hace unos días, se encendió la histeria cuando empezaron los rumores de la situación del retraso de las vacunas, que no venían, y que no iban a poner la segunda dosis, etc. La Jefa, en su inmensa sabiduría, y siendo de Arecibo (allí nacen jaibas), me dice: "vamos a pasar por el lugar donde se supone nos vacunen, a ver qué pasa".

Le dije que sí, obviamente (¡quiero también comer por la noche!).

Ya estamos en el carro y me dice: "vamos a pasar un momento por casa de Sonia". Sonia es una de sus amigas más cercanas, casi su hermana de otra madre. Le respondí: "Okey". Cuando de momento, veo a Sonia y a otra amiga de ambas, Ileana. Inmediatamente pensé: ¡me entramparon! Con una es un caso, con dos es para volverse loco. Pero qué remedio.

Se montaron en el carro, y luego de los saludos, emprendemos el viaje, por suerte solo a varios minutos de mi casa. Como buen conductor, me limité a escuchar y a guiar. Lo que escuché y lo que entendí, son cosas muy diferentes. Empiezan las interpretaciones de la crisis, obviamente tres opiniones totalmente diferentes. Lo único que pude decir es que había que esperar las indicaciones del Departamento de Salud. Luego me indican que, a la historia de La Sirena y el Pescador, el cual es el principio de una novela que comencé a escribir, le faltan ilustraciones para que los niños puedan entenderla y captar su amistad atención, a lo cual estuve de acuerdo, para cuando la publique.

Pero acto seguido, y aquí la primera enseñanza, comienzan las tres a hablar al mismo tiempo sin parar. Lo más increíble es que todas se oyen; se entienden; una se ríe; la otra le riposta el comentario; hablan de dos temas al mismo tiempo; se contestan; se preguntan; se refutan. Me quedé absorto con la dinámica.

Cuando llegamos a nuestro destino, nos topamos con que el lugar estaba cerrado y un letrero que decía: "Estaremos cerrados hasta nuevo aviso. Manténgase pendientes a los anuncios". Ya sabrán que el camino de regreso fue igual o peor.

Ya de regreso, una de las amigas me dice: "Ya tienes tema para una nueva historia". Le contesto, frunciendo la frente: "voy a necesitar unos cuantos días para poder analizar esta experiencia". Mi primer pensamiento fue, no hay forma de resumir esta situación, de una conversación que no entendí ni papa y cualquier cosa que diga me puede dejar sin comida y durmiendo con el perro.

Al final, la segunda enseñanza es, que ellas tres y estoy seguro de que, con otras, se disfrutan sus conversaciones (aunque yo no las entienda), y existe mucho cariño y respeto entre ellas, aunque parezca que están discutiendo y no lo están.

Me alegró mucho el entrampamiento que me hicieron. Luego de varios días, aquí está. Dedicado a ¡Las Amigas! A todas esas mujeres que valoran la amistad.

Ileana, ¡gracias por el reto!

"No temas a descubrir tu alma"
—J.J. Iguina.

LA PRIMA Y
la poeta

Hace unos días, hablando con una prima, quien lee mucho de lo que escribo, en su cariño por ser familia, me pregunta si no temo en exponer muchos puntos, los cuales considera muy personales. Honestamente, de primera instancia no entendí su pregunta o preocupación. Me explicó que ella lo veía como abrir mi alma y eso me dejaba expuesto. Le pregunto: "¿expuesto a que los que me leen no estén de acuerdo o me critiquen, o lo piensen y no digan nada?". Me contesta, precisamente eso mismo. Pensé un momento sobre su comentario.

Es cierto, muchas veces escribo sobre temas que pueden considerarse existenciales. Y le dije: "no, no temo en exponer mi sentir o mi alma, como dices, ese es mi estilo". Hago esta diferencia, ya que mi estilo dista mucho de ser poético. El sentimiento y profundidad de los poetas verdaderamente cala dentro del corazón, muchas veces mostrando en sus rimas el sentimiento de su alma, sin miedo, soltando la pluma en el papel sin que nada la perturbe. La diferencia en mi estilo cuasi filosófico es tomando la ruta de la mente para luego llegar al corazón. Ambos, la mente y el corazón, en muchas ocasiones son vulnerables y si a eso se refiere mi prima, pues entonces sí estoy exponiendo el alma. ¿Qué escritor o poeta no lo hace? Si no fuera así no estaríamos satisfechos con el producto de la pluma. Aunque muchas veces suene deprimente y desesperado, en el alma del poeta, un gran peso se libera al escribir y se genera una satisfacción muy especial. Algunos pueden percibir las letras de un escritor como un grito de desesperación, pero lo que más fascina es la cantidad de interpretaciones diferentes que generan en los lectores. Un escrito, cualquiera que sea, que no provoca una reacción, es un escrito muerto.

Mi único lamento es no haberlo descubierto y desarrollado antes. El escribir es liberador, al igual que los pintores, músicos y otros artistas, la satisfacción al terminar es indescriptible.

Estos pensamientos van dedicados a mi prima que me hizo pensar en este tema. Pero muy en especial a una poeta extraordinaria que cuando escribe llega al corazón, porque en su pluma y su tinta escribe con el alma. Y cuando está atravesando días tristes, le digo que al otro día siempre sale el sol, a lo que ella me contesta: "¿y si llueve?"

Pues… "¡nos bañamos en la lluvia!"

∞
*Un escrito, cualquiera que sea,
que no provoca una reacción, es un escrito muerto.*
∞

"Gilito"

Muchas personas lo conocieron por su apodo, "Petaca". Algunas otras lo llamaban "Gil", incluyendo a mi santa madre. Pero algo que pocos conocen es que mi abuela, Arminda, su madre, era la única que lo llamaba "Gilito", el penúltimo de los hijos Iguina Reyes.

Recientemente leí una reseña publicada para conmemorar la memoria de mi padre. Le agradezco a la persona que lo hizo con intención de que la gente conociera un poco más de quién fue él como atleta, como persona preocupada por la juventud de nuestro pueblo de Arecibo, como ciudadano y como cristiano. Me conmovió muchísimo el gesto, del cual toda la familia está agradecida, pero, sobre todo, me emocionó leer sobre él.

Hoy voy a compartir algunas cosas que pocas personas o casi nadie, conocieron de él. Primero, el origen del apodo "Petaca". La tía Daniela fue quien se lo puso, y la historia es cierta. Un día estaban los dos benjamines de los Iguina trepados en un árbol de grosellas. Debajo del árbol había una tina de agua en donde se lavaba la ropa y donde la tía se lavaba su larga cabellera. Una vez terminaba, se la secaba con el viento. Los pequeños bandidos, cuando ella se inclinaba a lavarse el cabello, le tiraban grosellas al agua, para que el agua salpicara y las gotas le mojaran la cara. La tía se enfurecía y ellos salían corriendo como alma que lleva el diablo, hasta que un día, los amenazó con que les iba a dar con la petaca (así se le llamaba a la tabla que se usaba para lavar la ropa). Lo que la historia no cuenta es que mi querido tío Quicón (QEPD), el más benjamín de los benjamines fue el que se encargó de regar a los amigos del barrio, el nuevo apodo. Al principio el "Viejo" se peleaba con quien lo llamara así, hasta que no le quedó más remedio que aceptarlo con resignación. ¡Gracias, tío Quicón (QEPD)! Nunca imaginaste que el apodo se llegaría a conocer en toda la isla.

A mi padre le fascinaba tanto el baloncesto que se le pasaban las horas y siempre llegaba tarde a la hora de la cena y el abuelo era estricto y quería que todos estuvieran sentados a la mesa para cuando él llegara. La mesa era enorme y durante el día había siempre comida para todo el que tuviera hambre. Mi padre se crio viendo esto. Muchas noches, por llegar tarde y sudado, de castigo, el abuelo Chucho lo mandaba a acostar sin comer. Mi abuelo era un hombre recio, de pocas palabras y no muy expresivo, nada raro para esa época. Él hacía muchos esfuerzos para llamar la atención de su padre, mi abuelo, pero la competencia con los otros ocho hermanos era muy fuerte.

La abuela no se perdía un juego de Los Capitanes en la antigua escuela superior del pueblo, siempre en primera fila para ver a su "Gilito". Mi padre siempre buscaba a ver si Don Chucho estaba allí. Creo que una de las motivaciones para esforzarse tanto era que lo viera jugar. Años más tarde se enteró que el abuelo iba a escondidas detrás de las gradas y desde allí lo veía jugar. Esto me lo narró en uno de esos domingos que nos sentábamos en el balcón y antes del almuerzo nos tomábamos un wiskeycito.

Él siempre soñó con ser médico, y, de hecho, estudió premédica en los Estados Unidos, pero el amor por mi madre fue más fuerte. Aun así, años después y ya con familia, decidió ingresar a la facultad de medicina de Santiago de Compostela en España. Allí jugó baloncesto también.

Yo solamente vi llorar a mi padre dos veces en mi vida: en Santiago fue una, durante la despedida de año con el hoy doctor Tito Robles. Yo era muy pequeño para entender por qué lloraban, pero de verlos llorar, también comencé a llorar. La otra ocasión fue cuando murió su madre. Ya aquí sí pude entender su pena, porque era la primera vez que alguien a quien yo quería mucho fallecía. El no pudo completar su sueño de ser medico por complicaciones de salud. Al año nos regresamos y lo lamentó siempre. No era una persona de dejar cosas inconclusas.

Mi padre tenía formas únicas de educar. En la casa la que repartía chancletazos era mi madre. Tan solo una vez, él me metió un par de correazos: uno por mentir, y el otro, por echarle la culpa a mi hermana menor. No toleraba la mentira, ni la injusticia. Una de las enseñanzas que siempre me han acompañado. En mi primer semestre de algebra me colgué con senda "F". Nunca había sacado malas notas y esperaba una reacción de mi padre. Ese día, mi madre comenzó a regañarme y él se interpuso y me mandó a montarme en el carro. Mi pensamiento fue, ¡me fastidié! No habló una palabra. Fuimos a un negocio donde vendían bicicletas y me dijo: "escoge". No podía creer lo que estaba pasando. Le pregunto: "por qué". Me dijo: "esto es una inversión en ti y para que sepas que tengo plena confianza en que pondrás tu mayor esfuerzo. Una inversión para que no te desanimes y estudies inteligentemente". Obviamente, luego de esto, ¿piensan ustedes que lo iba a defraudar? Esa lección, al igual que otras, me acompañan todavía hoy. Así era mi padre. De forma similar, esto lo hizo con muchos jóvenes. No hay duda de su labor y compromiso con la juventud, el baloncesto, el escutismo, el club de jóvenes de La Puntilla. Todos estos eran solo el vehículo, pero su interés era aún más alto…el darnos una oportunidad para ser mejores y darnos esperanza de que sí se podía. Quise ser nadador y allá fue mi padre y formó el primer equipo de natación de Arecibo con Tito Esteva. Yo, a diferencia de mi padre, no tenía que mirar a las gradas. Sabía que él siempre estaba allí.

Su anhelo de ser médico no lo logró, sin embargo, su orgullo mayor y su sueño lo logró a través de mi hermana, a quien ayudó y hasta cierto punto la empujó para que terminara su carrera de medicina y así evitar que cometiera el mismo error que él. ¡Y lo logró!

Por último, en las noches que lo castigaban y lo mandaban a la cama sin comer, un ángel llamado Arminda, esperaba que el abuelo Chucho estuviera dormido, se le acercaba a la cama y le susurraba: "Gilito, Gilito, aquí está tu comida y mijo, trata de llegar más temprano".

Ese fue mi padre, piedra angular, quien, junto a mi madre, nos educó, y para muchos fue ejemplo, modelo, amigo y hermano incondicional. En sus últimos años, ya enfermo del corazón, se dedicó a ser ministro de la comunión. Iba todos los días a la iglesia, buscaba su cáliz y caminaba hacia los hospitales y las casas de los enfermos a llevarles la comunión.

Mis Kukis, aquí tienen un pedazo de lo que fue la vida de su bisabuelo, mi padre, Manuel Gilberto "Petaca" Iguina Reyes. El gran número cinco, capitán de capitanes, y capitán de almas.

VIDAS
paralelas

Desde muy joven comenzó a sentirse enfermo. Visitó a sus médicos, pero ninguno daba con lo que le pasaba. Sus padres, preocupados, no cesaron sus esfuerzos por dar con lo que sucedía con el mayor de sus hijos, ya casado y con una bebé recién nacida.

Al poco tiempo, y a sus escasos 25 años, cuando aún en ese tiempo a los jóvenes no les interesaba los asuntos de agricultura, este muchachito, alquiló una finca y sembró plátanos, los cuales vendía. Finalmente, le diagnosticaron que sus riñones estaban comenzando a fallar a causa de una condición genética que lo hacía producir exceso de proteínas. A pesar de su condición, siguió estudiando y terminó su carrera en administración. Estuvo por años en dietas y medicamentos para prolongar la vida de sus riñones, pero en los últimos años, ya sus riñones habían fallado y no quedó más remedio que someterse a diálisis. Por más de 20 años ha llevado este vía crucis que experimentan muchos puertorriqueños. Y por supuesto, esperando con esperanza, que apareciera un donante compatible. A los 44 años, en plena vida, ya con dos hijas excelentes, una esposa admirable que estuvo todo el tiempo a su lado, y unos padres que nunca perdieron la esperanza y la entereza, dándole todo el apoyo que él necesitaba. Mientras, él seguía en su lucha, con unos días más felices, otros, no tanto.

Al mismo tiempo que le ocurría esto, otra persona, también muy allegada a mí, comenzó a sufrir de lo mismo. En este otro caso, ya la persona entrada en sus 60 años, con una trayectoria vivida a plenitud y sin mucha preocupación por lo que el futuro le pudiera presentar, vivió su vida como quiso...testarudo y persistente en aceptar, pero no rendirse ante la calamidad. Realizó que a su edad estaría último en la lista de donantes y esto ni le preocupaba. Vivió cada día como si fuera el último. Falleció recientemente y lo hizo tranquilamente al lado de la persona que amó toda su vida.

¡Qué vidas paralelas! Con diferencia de escasamente una semana, luego del fallecimiento del mayor, el más joven, recibió la excelente noticia de que tenían una donación, no de uno, sino de los dos riñones, localizados en un hospital de Miami. En cuestión de horas de recibir la llamada, se encontraba en la mesa de operaciones recibiendo el mejor regalo que había recibido en su vida. Hoy, poco más de una semana transcurrida desde su operación, la cual fue un éxito, nada más lejano que tan solo un pequeño milagro, ha sido un gran milagro y sigue mejorando cada día más.

Ambas han sido celebraciones muy especiales: uno por haber vivido una vida plena y haberse ganado en nuestros corazones un espacio para recordarlo siempre. El otro, por una felicidad plena de vida futura. El joven tendrá la oportunidad de ver a su hija mayor graduarse de veterinaria, y de ver a la pequeña entrar a la universidad; de entregarlas a ambas cuando se casen; de disfrutarse sus nietos cuando les toque; de volver a jugar golf con su padre y su tío; disfrutar de su pasión por la pesca y otras cosas más que estoy seguro que ha soñado y ahora con seguridad podrá realizar.

Qué mucho me han enseñado ambos, primero, sobre la fragilidad de la vida. Segundo, no importa la calamidad, lo importante es no perder el optimismo, la esperanza, y la actitud por seguir viviendo, bien sea día a día, o por la responsabilidad de seguir cuidando y protegiendo a los suyos. Por último, el denominador común en ambos, se convirtieron en inspiración, continuaron batallando, aceptando no rendirse en la prueba, portando ambos siempre una sonrisa en los labios.

Dedico este escrito a mi primo, Gualberto Aramburu Iguina (QEPD) y a mi querido sobrino, Miguel E. Hernández Brunet, quien espero que tenga la vida plena y feliz que merece.

Recordando

Los años comienzan a irse, a irse cada vez más rápido. El actual más rápido que el que pasó y en un pestañear, el que recién comenzó, ya está por finalizar. Se van tan rápido, que los recuerdos viajan con la misma rapidez. Hay una lucha y una batalla para no permitir olvidar.

Queremos recordar cada detalle, de cada día de nuestras vidas y de las vidas de aquellos que están muy cerca de nosotros. También tratamos de recordar las de aquellos que guardamos en la memoria y en el corazón.

La memoria nos juega trucos, traviesamente juega con nuestra mente para recordar lo que era y recordar lo que queríamos que fuera, pero no fue, o lo que recordamos de forma diferente, pero más amena, más divertida, más romántica, más amorosa.

Con el paso del tiempo, en esa carrera contra el reloj, que no cesa de mover sus manecillas, la vida continúa, al igual que la batalla que llevamos para que un recuerdo actual no reemplace a uno anterior.

Por momentos repasamos la película de la vida: de la primera vez que los novios se tomaron de la mano; del primer beso; el primer baile; los amigos y amigas; la familia; los hijos; los nietos; a todos los que uno ama; de aquellos a quienes amamos; los que están y los que ya no están; aquellas personas que tienen un gran significado en nuestras vidas; y aquellas que en su caminar, cruzaron nuestros senderos, como dos ríos que se encuentran y saben que su destino es llegar al mar; y aquellos a los que llevamos en un espacio sublime en el corazón.

Recordando…

siempre recordando.

Siempre viviendo,

siempre recordando.

Vive cada día como si fuera el último. Cada uno de nosotros tenemos muchas enseñanzas que compartir con los nuestros. ¡Hazlo! No pierdas tiempo. Tú escoges como quieres vivir tu vida y contarla.

Referencias

ReferenciasHendricks, H. (1987). *Teaching to change lives*. Multnomah.

Anderson, M. & Parker, S. (2011). *212 the Extra Degree*. The Talk Company.

Castro Saavedra, C. *Amistad*. (2021, 28 de enero). Descargado de https://blogpoemas.com/amistad-2/.

Nasón, O. (8 AD). *Metamorfosis*. Libro III. Descargado de http://www.cervantesvirtual.com/obra-visor/metamorfosis--0/html/ff8ccec6-82b1-11df-acc7-002185ce6064_4.html#I_7

Cervantes Saavedra, M. (1605). *El ingenioso hidalgo don Quixote de la Mancha*.

Braschi, G. (Productor), Benigni (Director). (1997). *La vida es bella* [Película]. Italia: Melampo Cinematografica.

Construyendo mejores futuros CMF, & Damas, C. (2019). *El miedo es falso*. Amazon Publishing.

Ana F Rodriguez
2515 K St NW Apt 208
Washington, DC 20037

Made in the USA
Monee, IL
22 November 2021